我的学术小传

胡福明 著

江苏人民出版社

目　录

　　我的童年是贫穷而快乐的。

　　日本鬼子抢粮和抓共产党人这两件事告诉我,家乡的农民是爱国的,共命运的,可爱可敬的。

　　开春刚刚过了年,邮差送来一封信,是无锡师范的录取通知书,我被录取到春季班二班。父亲坚持让我读书,他一心想让我当个小学老师。

　　1955 年初夏,国务院发出通知,号召党、政、群机关的年轻知识分子报考大学,培养社会主义建设人才。我突然做起了大学梦。

　　当大巴车通过天安门前,我仰望着天安门城楼、凝视着毛主席像,心潮澎湃,我一个贫苦农民的儿子,能读北京大学,是全村一百多户第一个。

找到了"两个凡是"否定真理的实践标准这个根本错误后,我就把"实践是检验真理的标准"作为题目,把"只有实践才是检验真理的标准"作为基本论点,与"两个凡是"针锋相对。

1977 年 8 月下旬,《实践是检验真理的标准》写成了,约八千字,稿子寄到哪里去呢?我想到了《光明日报》记者王强华同志。

总编辑杨西光同志先是介绍了我和孙长江同志,并拿着《实践是检验真理的标准》的大样说:今天请各位来,是讨论这篇文章的。这篇文章原本要在 4 月 2 日的哲学副刊发表了,我看后,觉得这篇文章很重要,放在哲学副刊发表可惜了,要作为重要文章,放在第一版发表,但是要修改。

党的十一届三中全会顺乎党心、民心。我对党的十一届三中全会倍感亲切,反复读了多遍公报,过了一年半载还要重温十一届三中全会公报。人民是历史的创造者,这是万古不变的真理。

时代是思想之母,实践是理论之源。

在重大历史转折关头,作为一个共产党员要有担当,要有责任感、使命感。

江苏省委通知我,立即到省委宣传部报到。两天后,我到宣传部报到,当时就给我安排了办公室。

当时省委宣传部的工作很繁忙、复杂。

江苏省委决定,调我到中共江苏省委党校担任校长,从事干部教育工作。这跟我的教师出身比较吻合。

我到省委宣传部工作后,一直重视乡镇企业,经常到苏南地区调查乡镇企业。我到省委党校工作期间,写了一本小册子,名为《苏南乡镇企业的崛起》。

1995 年,我转到江苏省政协担任副主席,开始了新的学习和新的工作。

做好政协工作,归根到底取决于三个方面。第一,坚持中国共产党的领导,多党合作,民主协商;第二,切实地发扬民主,并把民主协商、参政议政、民主监督的成果落实到实践中,见实效;第三,政协委员以对人民负责的态度,认真履行职能,事先做好调查研究,倾听所联系界别群众的意见和建议,建诤言,献良策。

前　言

这本书是由江苏人民出版社出版的"江苏社科名家文库"《胡福明卷》中的学术小传扩充而成。

在胡耀邦同志的组织和推动下,1978 年 5 月 11 日《光明日报》发表《实践是检验真理的唯一标准》,遭到了中央宣传部门主要负责人的严厉指责。6 月 2 日邓小平同志在全军政治工作会议上,旗帜鲜明地支持《实践是检验真理的唯一标准》,指出实事求是是毛泽东思想的根本观点,严厉批评了照抄照搬上级指示的错误态度,由此领导了真理标准大讨论。在真理标准讨论开始以后,我应邀到省内外多个单位做了介绍《实践是检验真理的唯一标准》的报告。主要是声明这篇文章写作过程、内容,真理标准问题讨论所要解决的问题以及它的意义。在讲解完以后,经常有同志提出问题:你是怎么能写出《实践是检验真理的唯一标准》这篇文章的?你是怎么知道要批判"两个凡是"的?是谁给你的指示?能不能给我一点内部消息,透露一点秘密?可我确实没有内部消息,没有任何领导人的提示,我告诉他们真的没有。我是贫苦农民出身,那时家里最大的官是我二哥,当了副乡长;我认识的最大的官是匡亚明校长,他当时还没有"解放",关在"牛棚"里面。我的文章并没有幕后指挥,使他们很失望。这个问题我确实无法给出令他们满意的答案。

我是在推动平反冤假错案、拨乱反正的过程中,不断从马克思主义理论的角度去排除思想上的障碍。我发现 1977 年 2 月 7 日两报一刊的《学好文件抓住纲》中有两句话"凡是毛主席作出的决策,我们都坚决维护;凡是毛主席的指示,我们都始终不渝地遵循",这两个凡是打着高举毛泽东思想伟大旗帜的幌子,首先是阻挠为邓小平平反、阻挠为 1976 年清明节天安门事件平反,阻挠了拨乱反正和平反冤假错案。我认定,当时中央的主要领导人,就是用"两个凡是"来阻止拨乱反正的。"两个凡是"就是林彪的"天才论""顶峰论""句句是真理"的翻版,是个人崇拜和教条主义。因为"两个凡是"认为凡是毛主席的决策、指示都是正确的,都是真理,不会有错,因此提出要始终遵守"两个凡是"。在本质上这是一种唯心主义的先验论,是个人崇拜和教条主义,是迷信和盲从。这就是"两个凡是"的本质。只有破除"两个凡是",揭露它的唯心主义先验论的本质,否定"天才论""顶峰论""句句是真理",破除个人崇拜和迷信盲从,才能确立解放思想、实事求是的思想路线,才能推动拨乱反正、平反冤假错案,开辟社会主义现代化建设的新道路。

怎样批判"两个凡是"? 我认为马克思主义早就解决了这个问题,他们用唯物论的反映论批判唯心论的先验论。马克思、恩格斯早在《关于费尔巴哈的提纲》一文中,就明确指出,实践是检验真理的标准。因此,我把这个作为文章的中心思想。于是,这就引出了文章的主题:实践是检验真理的唯一标准。文章分三部分:第一部分,只有实践才是检验真理的标准,明确指出马列主义、毛泽东思想、自然科学各个领域、党的方针政策,都要接受实践的检验。经过实践检验,证明是正确的,才是真理;经过实践检验,证明是错误的,就需要改正。第二部分,马克思、恩格斯、列宁、毛泽东这些马克思主义的导师,都是用实践标准来检验自己的理论,凡是实践检验正确的,都坚持;凡是实践检验不完备的、错误的,则改正。他们都是自觉地用实践标准来检验自己理论的模范。第三部分,林彪、"四人帮"鼓吹"天才论""顶峰论""句句是真理",从根本上背叛了马克思主义的唯物论,周扬同志在全国哲学讨论会上说过"科学无禁区",我提出"有禁区的地方就不是科学,只有迷信和盲从"。

至于人家问,你怎么有能力写出这篇文章的? 你怎么敢于批判两报一刊所提出的"两个凡是"的? 这个问题就更难回答了,我只能用我的生平来回答。我是共产党培养的,是人民养育、人民教育的,从北京大学新闻专业开始,到中国人民大学的哲学研究班,我就认真学习了马克思主义哲学,立志当一个马克思主义理论工作者。特别是到南大工作以后,到海安曲塘公社参加社会主义教育运动,到无锡钱桥公社参加社会主义教育运动,在"文革"中经受了强烈的打击、迫害,受到了南京大学广大革命师生、南京人民反对"四人帮"、悼念周总理的3·29革命运动的教育,受到了1976年清明节天安门广场群众悼念周总理、反对"四人帮"、支持邓小平的革命运动的教育,这才产生了必须否定"文革"、否定"天才论"、否定"四人帮"的强烈愿望。是党和人民给了我斗争的勇气,也给了我武器——马克思主义,还给了我必胜的信心。人民已经觉醒了,人民要求解放。这也是本书所要回答的问题。

我始终认为,马克思主义是科学的思想武器,马克思主义、列宁主义都有它的时代特征,也都有它的国情的根据。马克思主义产生于自由资本主义的时代,在资本主义制度已经成熟的英法德,它是以德国法国的工人运动为基础的。列宁主义产生于帝国主义时代,是在封建的落后的军事的帝国主义国家。中国是一个半殖民地半封建国家,帝国主义是首要的敌人,封建主义是帝国主义侵略的基础,官僚资本主义是帝国主义和封建主义的代理人。工人阶级是最先进的阶级,但是队伍小,人数少。中国绝大多数是农民,占人口的近百分之九十,农民中贫下中农雇工又占绝大多数。中国的民族资产阶级力量薄弱,他们也受帝国主义、封建主义、官僚资本主义的压迫,具有两面性。因此,中国革命是新民主主义革命,只能由无产阶级领导,以工农联盟为基础,以农民、小资产者为主力军,团结民族资产阶级,反对帝国主义、封建主义和官僚资本主义。所以,毛泽东思想的最大特征,是农村包围城市,武装夺取政权。毛泽东的军事思想、战略战术以及政治路线,根本上都是围绕这个中心思想展开的。所以,马克思主义运用于中国革命、建设和改革,只能从中国实际出发,从时代特征出发,毛泽东思想就是马克思主义和中国实际相结合的产物,是马克思主义中国化的第一个伟大成果。邓小平理论、"三个代表"重要思想和科学发展观是马克思主义与中国实际结合的第二个伟大成果,其标志是中国特色社会主义理论。十八大以来,以习近平总书记为核心的党中央抓住党的建设这个根本,从严格执行八项规定开始,反腐倡廉,深得党心民心。随后从中国实际出发,提出实现全面建成小康社会,全面深化改革,全面依法治国,全面从严治党,开辟了新时代中国特色社会主义道路,实现了马克思主义中国化的第三次飞跃。实践证明,习近平同志关于新时代中国特色社会主义的思想,是马克思主义中国化的第三个伟大成果。习近平新时代中国特色社会主义思想在党的十九大报告中做了系统阐述,随后在党的二中全会、三中全会上进一步具体化,建立新时代中国特色社会主义各方面的制度、国际战略、外交新局面,建立人类命运共同体。

我虽已年老,视力严重下降,但脑子还清醒,因此仍在家人和同事们的帮助下努力学习,认真思考,力求跟上时代的步伐。

这部小传在整理和补充的过程中,得到了南京大学哲学系唐正东教授的研究生焦一达同学的帮助。

第一章

艰苦求学 20 年

一

我是江苏省无锡县人，家住长安乡胡巷村，于 1935 年农历六月十九日正午出生。我家世代务农，1949 年解放时，全家八口人，有自田三亩六分，租田一亩五分，冬春两季用米糠与大米和着煮饭；夏秋两季用麸皮、青菜、南瓜等和着面粉吃。我们兄弟姊妹共十一人。前面的母亲生育三男两女，一个哥哥和一个姐姐从小就送给亲戚家了。我母亲生育四男两女。我的一个弟弟送给亲戚做养子；两个弟弟小时患病，无钱医治，都死了。两个妹妹是解放后出生的，都健在。

我的童年是贫穷而快乐的。江南的冬天天气晴朗，暖洋洋的。小学放学后我们总拿着篮子、镰刀和铲子去割羊草、猪草、荠菜、苜蓿（无锡话叫金花菜，不仅可以喂猪喂羊，也可以炒着给人吃）。割满了一篮子，我们一群孩子就玩游戏。秋天水稻收割以后，种麦子时，会在田头留一块地，等到来年春天挖一个粪池，放猪牛羊和人的粪便，和草混在一起，沤肥用。冬天时，这块稻田还是原样，我们在这块地上挖个小坑，在两三丈远的地方画一条线。大家站在线外把小铲子往小坑里投，谁投进谁赢，赢者能把输者割的草拿走。输了的没有草不好意思回家,就向赢了的孩子借草,第二天再还。有时割完了草,天还早,就在田边太阳下面睡一会儿。小孩子调皮,就往别的孩子身上撒土,与邻村小孩子打架、拿土块互相扔。如果哪一方有大人来,另一方就会逃回自己村子。晚上大家就在月光下做游戏,老鹰捉小鸡。

解放以后办冬学,主要是面向成年村民宣传党的政策,教唱革命歌曲。我去过县里的冬训班,于是就回村里教他们唱歌。不久以后,冬学升级,办农村剧团,中学也办了个剧团,而且还有歌舞,《白毛女》、《小二黑结婚》、《南泥湾》等被搬上舞台。我是乡团委的组织委员,被选为村剧团的团长。我没有参加过唱歌跳舞,但我是组织者,做一些服务工作。我自己琢磨出了怎么样一个人就可以拉两块台幕,还帮剧团筹钱,购置服装、乐器,做些夜宵给大家吃。

与母亲及兄妹

　　我于 1941 年正月到胡巷小学读书,称"半年级",半年后才升一年级。妈妈送我上学,我穿了新棉袄、新鞋子。在小学读书时,有三件事一直牢记着。第一件事,1943 年初冬的一天下午,我在校内听说日本鬼子来抢粮了,把我家困在屋里的稻谷抢了。我急得跑回家去,只见几个鬼子端着枪站在场头,一个翻译指挥几个村民刨我家的稻谷,然后有村民挑起稻谷送到村后大河边的船上去,苏南都是用木船运粮。一会儿,我家的稻谷全刨完了。全家急得直哭,我们要饿肚子了。正哭着,十几个乡亲挑着满箩筐的稻谷送到了我家。他们告诉我们:"这次鬼子还抄了后面两家大户,我们把你们家的稻谷都放到别人家寄存了,那两家大户的粮食被抢走了。"真是绝处逢生啊!我们全家感谢救命恩人。第二件事,我小学四年级第二学期,交不出学费不能上五年级。我父亲对校长说:收了稻谷后,一年学费全交清,希望让我升五年级,可校长不答应。我只能失学在家,帮父亲种田。空闲时,我抱着弟弟跑到学校墙外,听老师讲课和同学读书。有一次父亲在学校旁边找到我,十分生气,打了我一巴掌。我没哭,父亲却流泪了。这是父亲第一次打我,也是最后一次打我。秋收后我家交清了拖欠的学费。随后我又复读四年级第二学期。失学半年,虽有损失,但是认识到读书的宝贵,增强了学习的自觉性,学习成绩明显提高。五年级第二学期,我参加全区小学的数学竞赛,获得第二名,学校获得了一张"优胜纪念"奖状,我获得的奖品是一本《四则应用题习题解》。我在晚上，天天自学这本书。这本书跟我初中三年、无锡师范三年，带到了北京大学，以后就不知去向了。第三件事，日本鬼子投降前一年，一天中午放学时，突然见到一群伪军绑着一个人向我家所在一排人家冲过去，后面跟着一队日本鬼子。他们向离我家五户的一家冲进去抓人，结果扑了个空。过一会儿，又冲进去找孩子，又扑了个空。敌人穷凶极恶，把屋里的家具打得稀巴烂，把大门也砸了，还要烧房子。苏南农村，都是木结构的住房，十多户连排建房，一家失火，可把十多户都烧了。大家找保长、乡长做工作，总算没烧房。原来，日本鬼子是来抓共产党的，但未抓到。鬼子来前几分钟，一位同志前来报信，夫妻二人从后门匆匆走了。跑到后面一条街巷躲起来，可是吃奶的儿子没来得及抱走，留在房间里摇篮内，要回去已来不及了。本家一位十来岁的小姑娘自告奋勇，从后门跑进去，把小男孩抱了出来。伪军看见小姑娘抱个小孩子在场地上走动，也不以为怪。小姑娘的勇敢、好心为全村人称赞。日本鬼子抢粮和抓共产党人这两件事告诉我，家乡的农民是爱国的，共命运的，可爱可敬的。

我小学毕业后，因为贫穷，无力上中学。而我父亲因我自小瘦弱，希望我走出农村。父亲特别希望我当个小学教师，因此想方设法让我继续读书。当时，长安乡的社会名流，在长安中心小学办了一所初中，由于未获当时政府批准，办了几年也只有初一年级，仅一个教室，各门课教师全由小学老师担任，学生全部走读。长安初中离我家不足三里路。于是,父母亲让我到长安初中读书。每学期一石大米学费。1949年上半年是初一下学期,正当春荒,我无钱交学费,受到体育老师当众责骂,几乎被责令退学,幸亏我同村的老师胡大公用他的工资为我交学费,在麦收后用麦子交给他算工资。我这才得以继续读下去。后来我知道那位体育老师是"三青团"骨干,胡大公老师是共产党员。但是,还有一个更大的问题,读了初一以后怎么办?

1949年4月,人民解放军横渡长江,解放无锡。我们解放了,二哥也参加了革命工作。很快,中共无锡县委、县人民政府批准成立长安中学,拨给教育经费。于是,我就靠助学金读完了初中,成为长安中学第一届毕业生。

长安中学的校长孟振民,原是长安中心小学的校长;解放后,长安中学正式成立后,就专任长安中学校长。他专心致志创办长安中学,艰苦创业,热爱学生,同学们热爱他、尊敬他。学生们工作后还去看望他。

解放后,我于1949年9月20日参加了中国新民主主义青年团,候补期三个月。1949年12月20日转为正式团员。入团志愿书上全由中共张村区委盖章。我当了学生会干部,积极参加了征粮工作。1951年冬天我参加了长安乡土改工作,被评为二等功。土地改革中,我家的一亩半租田变成了自田,又分进两亩半水田和0.6亩桑田,合计分进3.85亩。当时无锡县人均一亩田。我家和几户积极分子自报中农。结果全村大部分农户都成为中农。许多农民批评我们说:

"你们几个积极分子是带头中农,抬高了全村的成分。"后来农业合作化,他们基本都变成了下中农。

农村孩子的第一课不是读书,是劳动,四五岁起就拾麦穗、稻穗,割羊草、猪草,随后下地劳动。苏南养春蚕,要把桑枝条剪下挑回家,然后把枝条上的桑叶采在箩筐内再拿去喂蚕。我小时候采桑叶总是最快。但是养秋蚕就不同了。要拿了箩筐到桑田里去,从桑树枝上采叶子,天很热,还要穿长袖衬衫,因为如果给刺毛虫刺一下,很辣痛,要红肿几天。十多岁时,我已下田拔秧、割麦、割稻。土改后,我家就分家了。父亲年老多病,跟大哥一家过日子。我与母亲、妹妹一起过日子。从此,我与母亲一起耕种三亩田,其中二亩半是土改中分进的水田。从小学五六年级起,我就下田栽秧、耘草,每逢夏收夏种和秋收秋种,我都请假在家干活。在长安中学读书时,我也是每逢夏收夏种和秋收秋种都请假在家种田。所以,我的功课总赶不上街上的同学。

我个子矮小,身体瘦弱。挑了两捆稻子走在田埂上,一阵西北风吹来,我就跌到田里去,站起来再挑。水田里插秧、耘草,走上田埂,两脚上总叮着蚂蟥,把蚂蟥装进竹筒里,腿上鲜血直流,凡是割麦、插秧,干一天总是腰酸背疼,走回家不洗脚,不吃晚饭,爬到床上就睡。苏南的农活,耘草最辛苦,家乡有句顺口溜:"读书怕赛考,种田怕耘草。"耘草一般在三伏天,农民都在早晨和傍晚干活。蒙蒙亮下田,露水汗水一下子就全身湿透了,粗糙的稻叶把脸上、手臂上割出一道道红痕,汗水一泡,又痒又疼;太阳升起,田里的猪粪一搞,臭气直冲得头晕眼花要呕吐。于是,上岸跳进田头的巢河里洗澡,躲在柳荫下摸鱼,真凉快,后来我在颐和园昆明湖游泳也没那么舒畅。下田拔稗草,累了,就到坟头大树下躺一会儿,凉风习习,睡个午觉。农活很苦,但也有乐。水稻耘草时,一般在稻田的水快干的时候,一次,我看到田里一条大鳝鱼,金黄色,很滑溜,抓不住。我慢慢把它驱赶到岸边,然后用双手一抄,把它抛到桑田里,然后用细草穿了它的鳃,带回家去,美餐一顿。可另一次,我上当了。我在水田低洼的进水口,看到一条大黑鱼,喜出望外,我拿起来,怀疑它死了,拿到河里去洗,刚放下水,哗的一声它逃走了,还泼了我一身水。抓鱼最多的是黄梅天,大雨下个不停,水田里的水,冲进大河,大河里的鲫鱼逆水飞跃上来,于是我飞快地跑到河边,用双脚堵住,抓住鲫鱼就向河岸上抛,一次可抓三四条鲫鱼,真的很高兴。农村也很美,春天,绿油油的麦苗一波一波远去;夏初,金黄色的麦浪随风滚滚翻腾;夏天,深绿色的水稻起起伏伏一望无际;中秋,金黄色的稻谷铺满大地。

二

1951年初中毕业后,因无钱上高中,但还想读书,因此,与同学单亦伦商量,两人一起去苏州报考苏南工业专科学校。我向本村医生胡文博借了八元钱,两人一起去苏州报名,过几天又一起去考试,没钱住旅馆,就在校内待一晚,此次考试,名落孙山,欠下了 8 元债。随后无锡共青团县委派我去苏南团训班学习,地点在洛社乡村师范。苏南团训班由苏南区团委举办。苏南区团委书记孙振华同志给我们作报告,我们听得津津有味,大长知识。但也错过了报考各种中技校的机会,只好留在家里种田了。我父亲是长安供销社的监事,向长安供销社推荐我去茧行收蚕茧。苏南是丝绸之乡,盛产蚕茧,春秋两季都开茧行,收购蚕茧,我当上了发洋,即给农民卖茧后凭票付款。第一天到茧行报道,茧行行长、几个老人对我表示不信任,当时我只有 17 岁,没有做过经济方面的工作,这个工作风险大,损失了要赔,于是他们让我和家里再商量商量。茧行离我家五里路,夜里黑漆漆的,而且要路过一个野坟岗。那天晚上我很害怕,因为不久前那里枪毙了两个现行反革命,我当时去看了,他们死相难看。这两个人一个是恶霸地主,一个是替他跑腿的,二人在解放前杀害了两个新四军地下工作者。回到家后,我父亲说这是个好工作,能拿几十块钱,于是睡了一觉,第二天蒙蒙亮我就赶回去了。那个礼拜头昏脑涨,从早忙到晚,要等领钱的农民散去了才能休息。这可是一项重要工作,出了差错要赔,我咬咬牙去了。茧行人山人海,发洋处几十只手拿着账单等付款,眼花缭乱,副发洋给我递单子,我付款,副发洋再把款子交给农民。从早忙到天黑,吃饭都不停,足足忙了一周,算总账,发错了一笔款,赔了 18 元,我和副发洋各赔一半,我得工资 30 元,还清了账,余 20 元。

　　在茧行发洋之后,我在唐巷小学当了两个月代课教师。是一个共青团员推荐我去的。这个小学只有一个班,一二十个学生。这里离我家三里路,早出晚归,中午饭轮流到学生家里吃。有一次,一个学生在黑板上写了一竖,问我是什么字,我说不认识,他说是"滚"。我当时受到了强烈的刺激,但表面上不露声色。我决心去念师范。

　　1952年春节,我和几个同乡同学去无锡市玩。其中有一个叫路钦南,他1951年就已经在无锡师范读书了。街边有一个广告,写着无锡师范招春季班,路钦南让我也考一考。于是就到无锡师范去报名,第二、第三天考试。考完回家就忘了这件事。开春刚刚过了年,邮差送来一封信,是无锡师范的录取通知书,我被录取到春季班二班。父亲坚持让我读书,他一心想让我当个小学教师。父亲卖了两担稻子,为我配了副眼镜,买了床被子。

　　1952年2月,我考进了苏南无锡师范。班主任孟佩衡找我谈话,问我是共青团员为什么没有团关系。我第二天回家,这时组织委员是个女的,叫胡素娣,她给我开了组织关系介绍信。于是我到了八士桥团区委转出团关系,我二哥当时在旁边的乡当乡长。班级成立时宣布我为班长。读师范,不要学费、书费、住宿费,还不要伙食费,一切由国家负担。三年师范生活,我学了科学文化,提高了思想觉悟,也长了身体。以前,吃不饱也缺少营养。在无锡师范,米饭放开吃,中、晚两餐都有鱼肉,女同学不吃肥肉,我全包了。晚上坐在日光灯下读书、做作业，比菜油灯亮堂几百倍。星期六下午无课，午饭后，我就步行二十里回家，只花 2 小时，到家就挑粪、除草、锄地，星期天劳动，星期一天蒙蒙亮步行回校吃早饭，不误上课。每逢夏收夏种、秋收秋种的农忙时期，我都请假在家干农活，我和母亲必须种熟三亩田，才能生活。暑假寒假也都回家种田。我们校长游颖和党支部书记周誓志老师都很支持我、爱护我。在校期间，我担任过班长、校黑板报总编、团支书。1955 年 1 月 20 日由游颖校长和团委书记丁玲同志介绍我参加中国共产党，预备期一年，并于 1956 年 1 月 20 日在北京大学中文系党总支下属党支部转为正式党员。1955 年 2 月毕业，被分配到南京江苏省总工会干部学校工作，每月工资 37 元。

到南京后，晚上、星期天我都读书，仅与学员去过一次雨花台凭吊烈士，没有去过中山陵、明孝陵。校园内每周都有电影放映和舞会，但我都没去过。

三

1955 年夏初，国务院发出通知，号召党、政、群机关的年轻知识分子报考大学，培养社会主义建设人才。我突然做起了大学梦，同志们也热情鼓励我报考大学。我鼓起勇气写了报考大学的申请报告。校长很快就批准了我的申请。于是，我开始复习功课。师范生数理化较弱，我决定报考文科。我填报的三个志愿是北京大学中文系、历史系、哲学系。我的态度是,考取了就上大学,考不上继续工作,非北大不去。我在南京大学报名,在南京工学院考试。

8月下旬一天傍晚,传达室老王喊我:小胡,你的信。我跑过去一看:北京大学录取通知书。我被录取在中文系。还有两位女同志,都录取在华东师大,一位在历史系,一位在教育系。大家向我们祝贺。我也给母亲、哥哥写信,报告我考上了北京大学。8月底,校领导给我买了去北京的卧铺火车票,这是我第一次乘卧铺车。缪钧、毛复光两位校长,嘱咐我认真学习,报效祖国,还给我20元,嘱咐我到北京后做件棉大衣。他们说:"北京冬天寒冷,你是江南人,没经历过。"我感动得流泪。党委可是尽心培养我啊。我同一办公室的吕划、王祖羲同志,知道我家有母亲、妹妹,生活困难,提出他们轮流每月给我家寄五元。他们做到了,直到1958年他们下放了才停止。我初中同学王启勤在山东淄博煤矿工资处做会计,也曾多次给我母亲寄钱,每次五元。人间大爱,令我终生感激。

1955年9月1日下午,火车到达北京前门车站,北大的老同学热情欢迎我们,送我们上校车。当大巴车通过天安门前,我仰望着天安门城楼、凝视着毛主席像,心潮澎湃,我一个贫苦农民的儿子,能读北京大学,是全村一百多户第一个。当晚,我住在小饭厅一个上铺。北京读书七年多,我一直睡上铺。第二天,党组织给我一个文件:毛主席关于农业合作化的报告。我读后,十分高兴,我家可以参加农业合作社了,我家缺少男劳力的困难解决了。所以,我至今都拥护农业合作化。

报到后,第一件事是选择专业。北京大学中文系当时有两个专业,一个是汉语言文学,一个是新闻。我梦想当作家,新闻工作者可以深入社会调查研究,接触广大群众,了解群众,这是搞文学创作的基本要求。我分在新闻专业一班,被指定为班长。随后,评定人民助学金。无锡县八士区人民政府寄来了我的家庭经济情况证明信,证明我家庭无力供给我读书。我申请伙食费 12 元,生活费 2 元。同学们一致通过,领导批准。我每天三餐都是一大碗米饭,吃得饱饱的。每月2 元生活费,买铅笔、记录本、牙膏、牙刷、肥皂、理发,还可买本书或杂志,生活很满意。我认真听课、做作业,每天晚上到图书阅览室看书,课堂讨论积极发言。唯独俄语学不好,初中读英语,师范无外语,现在改读俄语,很困难,也少兴趣。外语没学好,是我终生遗憾。1955 年 10 月 1 日,我们刚入学一个月,就参加了天安门广场的国庆游行。十月一日一早,我们从清华园那边乘车,到西直门下车,然后列队向天安门进发,通过天安门时接受毛主席和各位领导人的检阅,我们十分兴奋。当天晚上,我们参加了天安门广场的联欢活动,观看天安门广场上空绚丽多彩的焰火,在天安门广场上围成圆圈跳舞,天空中四面八方都有探照灯。我们这些刚到北大的新生手挽手围成一个圆圈,老同学们在圈子里跳交谊舞。人潮涌动,我们这些小伙子手挽着手保护着跳舞的同学,场面极其壮观,这个狂欢的场景我们永生难忘。据说第二天,有关部门收集的鞋子有几箩筐。

四年大学，只 1957 年暑假回家，其他寒暑假都留校读书。除夕，留校同学到食堂领回面粉和肉馅，自己包饺子，然后送到食堂，再用洗脸盆拿回宿舍聚餐，别有风味。暑假内，上午读书，下午跑步到颐和园昆明湖游泳，非常高兴。北京的冬天，比江南确实冷得多，半夜达到零下 20 度左右，雪后地上结厚厚的冰。夜自修后，我总裹着棉大衣一口气从阅览室跑回宿舍，因为我没有棉鞋，穿一条单裤，没有袜子，领导给我的棉大衣帮我在北京度过了七个冬天。

1957 年，学校生活发生了巨大变化。1957 年春，毛主席在最高国务会议上发表讲话《关于正确处理人民内部矛盾的问题》，提出社会主义社会的基本矛盾，仍然是生产力与生产关系、经济基础与上层建筑的矛盾；仍然存在敌我矛盾，但只是少数，大量的是人民内部矛盾。这个提法和苏联不一样，是对马克思主义的发展。斯大林认为社会主义社会是没有矛盾的，他将矛盾只是看做无产阶级与资产阶级的对抗性矛盾。但是，对抗与矛盾不是一个概念，社会主义社会对抗已经结束了，矛盾仍然存在，这是关于社会主义的基本理论。随后罗殿英发表了一篇文章《百花齐放，百家争鸣》。这是春秋战国的口号，是发展科学、繁荣艺术，也是正确处理人民内部矛盾的方针。因此 1957 年春天，思想很活跃，是个文化繁荣的春天。北京大学办了许多刊物，邀请了很多文化科学界的名人来作报告。文化科学界的春天似乎到来了。于是，全国大鸣大放随后就开始了。"五一"劳动节，我们步行去天安门广场参加庆祝活动，在休息时读到《人民日报》刊登的《中共中央关于整风运动的决定》，《决定》指出共产党要开展整风运动，反对主观主义、官僚主义和宗派主义，并号召各民主党派、各人民团体和各界人士，帮助共产党整风。随后，许多单位召开座谈会，民主党派人士，文化、艺术、教育界等著名人士，纷纷发言，给共产党提建议、意见和批评，再后来，各省、市、自治区也照样召开各种座谈会，《人民日报》《光明日报》等中央报刊和省、市报刊，都大量刊登各种座谈会上的发言，我感到新奇，晚上在阅览室阅读各种报刊，苦苦思考，这是怎么回事？应当怎么看？百思不得其解。上课不专心听了，晚上也不复习功课了。

五月中旬的一天晚上，我从阅览室回宿舍，经过大饭厅东侧，见到许多同学在看墙上贴的大字报。我挤上去，看不清，听同学读大字报，没听明白。第二天，地学楼、文史楼、哲学楼墙上都贴了大字报，内容十分广泛，有议论国家大事的，有对统购统销各项政策进行评论的，有议论社会主义三大改造的，有批评官僚主义、宗派主义和主观主义的，也有对专业、学科的问题发表意见的，大量的是对学校领导和党委提意见的，内容十分广泛。短短几天，大饭厅、小饭厅的墙上已贴满大字报了。于是，学校在小饭厅东面的马路旁，搭起了芦苇墙，供大家贴大字报。同时，中央机关、北京市机关的许多干部、兄弟院校的老师、同学以及企业的干部职工，也来北大看大字报,大饭厅广场上人山人海。后来,有人发表演说了,人太多,听不清。一天晚上,有一位瘦瘦的女同学站在课桌上发表演说,讲统购统销搞坏了,农业合作化出大问题了,有的地方农民饿肚子。我觉得她在瞎说,就公开反驳她,哪知随她来的几个男同学来推搡我,赶我走,我班的一位农村来的男同学元树德,强壮有力,把他们挡回去了。由此,我对一些大字报产生了反感。随后,我看到一份大字报说:某教授讲的,马克思主义过时了。我很愤怒,与一位同学合作,写了第一份大字报,指出马克思主义与中国实际结合,产生了毛泽东思想,指导中国人民取得了反帝反封建革命的伟大胜利,建立了新中国,责问他马克思主义已经过时的根据是什么? 指出他完全是瞎说。由此,我对大字报就区别对待了。

6月,《人民日报》发表社论《这是为什么?》,从此开始了反右派运动。反右派基本上由系党总支和年级或班级党支部具体组织。我班34名学生和4名越南留学生,一个党支部,一个团支部。我任党支部副书记。全班划了两名"右派",一名是外文系转过来的学生,是党员,"右派"材料也是外文系转过来的。我班同学都不了解他。一位是本班同学,"右派"材料是上级转下来的照片,照片上是用石灰水写在马路上的"民主路"、"真理路"。他在班上遭到批判,经上级批准,定为右派。后下放农村劳动。另一位同学在报上发表了一篇采访老艺人的文章,这位老艺人解放前格调不高,似乎受到了批评,这位同学写文章为他鸣不平。对他是否定为右

北大老同学见面会

派，班上争议很大。党支部多次研究，认为不是右派，定为中右较好，经向上级多次反映，结果定为中右。1978年，我写了《实践是检验真理的标准》一文后，反省了自己在反右派运动中所犯的"左倾"错误，在南大党代会上作了自我批评。后来，在北京大学百年校庆期间，我班老同学聚会，我向被定性为"中右"的同学，当面道歉。被定为"右派"的那位同学，后回到兴化担任中学教师，我曾当面向他道歉，并作自我批评，至今仍有往来。来北大几年时间里面，我的初中同学顾淑仪同志曾多次在经济上帮我。她当时在宁夏固原县妇幼保健院工作，每当我经济非常困难时，她就给我寄钱，一般是十元。

1958年初，开始"大跃进"。我们欢欣鼓舞。学校组织我们去十三陵劳动，建造十三陵水库。中文系汉语言文学专业

大学时代参加北京十三陵水库建设

55级和新闻专业55级两百位同学都参加了，领导上抽调了30多位同学组成突击排，汉语言文学专业的一位同学任排长，我是副排长。我们突击排与解放军一个排合作，从火车上卸下砂石，再挑上水库的堤坝。我们住农民家，用稻草打地铺，离工地有三里多砂石路。我们的伙食很好，早饭是大肉包子，中饭是大米饭，有红烧肉，晚上也是干饭、馒头。同学们干得很认真，火车一到，立即爬上车厢，打开挡板，把砂石扒下来，卸一车厢砂石，只用18分钟。火车开走，立即用竹篮盛满砂石，挑上坝去。衣服全被汗水湿透。在回去的路上，已是腰酸背痛，两肩红肿，双腿酸痛，要在路边歇几次才能回到住所，饭都不想吃了，躺下就睡。但是，大家都很兴奋，没有人打退堂鼓。特别是听说毛主席等中央领导同志，也到十三陵水库劳动，更加精神振奋。当年国庆节，我们突击排穿着劳动服装经过天安门广场，接受毛主席检阅。

1958年暑假，55级新闻专业的同学，分组到各省市报社实习。我在《天津日报》工业组。我的老师是马野。马老师是位老记者了，他带我到工厂、建筑工地和盐场采访，教我摄影。我摄的塘沽盐场的照片,登在《天津日报》上,就是马野老师指导我拍摄的。2008 年,我去天津参加理论讨论会,想看望马野老师,才知他早已去世了。

1958 年春天,北京大学新闻专业并入中国人民大学新闻系,随后我去《北京日报》农业组实习,几乎天天到北京郊区农村采访。这一年春秋两季,许多地方放了高产卫星,如小麦亩产三千斤、水稻亩产几万斤稻谷,我既高兴又怀疑。我自幼种田,在我家乡,小麦亩产 200 斤已是不得了,亩产稻谷千斤已是奇迹了。那时农村盛行公共食堂,每家的锅都给砸烂拿去大炼钢铁了。冬天,我到京西斋堂人民公社采访,我发现农民一天三餐几乎都是玉米面稀粥,窝窝头几乎没有。山区的老大娘要走很长一段山路,才能到公共食堂打上几瓢玉米糊糊,拿到家已冷了。我真看不出公共食堂的优越性。有一个冬天的晚上,我随领导同志到通县附近的潮白河边观察冬小麦。车子停在公路边,走到一块麦田边,只见麦苗密密麻麻,就像丝线那样瘦,连针也插不进,田的四边装着很大的探照灯,为的是增加光照。当地干部说,这块田是深翻密植的试验田。我暗想,这块田将颗粒无收,还是赶紧耕田,补种春小麦的好。我在农村采访,做的一件好事是,发现耕牛冬天的草料储备很不足,于是写了一篇报道,还配发了一篇短评。市委农工部很重视,指示各生产队尽快为耕牛配足过冬草料。我的稿子和短评,被评为优秀作品,插上红旗。由此,我懂得,发现和提出实际工作中遇到的困难问题,推动它解决,也是很有意义的;并不是报道成绩的稿子才是好稿子。

1958年初冬,我在《北京日报》参加了炼钢。《北京日报》后院,用耐火砖砌了一只地锅,里面烧着火红的焦炭,然后把拳头大的铁矿石放下去,用铁钎搅拌。我们几个年轻人的任务是,用铁榔头把大块的铁矿石敲成拳头大小。第二天,不幸一小块铁矿石把我左眼的镜片砸碎了。报社又给我配了副眼镜。

是年冬天,我去周口店采访,久闻这里是北京猿人——山顶洞人的故居。在一个雪后的晴天,我决意探访我们老祖宗的故居。在绕着坑边观察时,不慎滑入洞口的坑内,积雪深达腰间,确实有点慌乱,我定下心来,用双手扒开身边的雪,一点一点向坑边移动,抓住石头一点一点爬出坑去。此行,我到了老祖宗故居。

1958年农历的除夕夜,我在黄土岗公社一户农民家里过年,全家济济一堂,一桌子的菜,喝白酒,吃水饺,其乐融融。第二天,我写了一篇稿子《春满乾坤福满门》,发表后,又被插上红旗。春节后,实习组写了一篇总结,发表在《新闻战线》上,拿到稿费后,全组同学在全聚德吃了两只烤鸭,畅谈收获和友谊。我们的实习组长是《人民日报》老记者赵蓓兰同志,她富有经验,特别能团结同学,深受大家尊重。赵蓓兰同志曾是《晋塞日报》的记者,后来又任《华北人民报》的记者,解放后是《人民日报》的记者。青年学生将她看作老大姐。她丈夫是《人民日报》副总编秦川同志,他同时也是《中苏友好杂志》主编。

1959年春节后,我们又回校上课,到八月进行毕业分配。

我的志愿是当新闻记者，为此我已学了四年。但总支书记罗列老师找我谈话，要我去中国人民大学哲学研究班读书。理由是，教育部要培养马克思主义理论课教员，他说我年轻，坐得住冷板凳读书。而且，我从 1956 年起就选读了哲学课，到哲学系听课，因为我认为，做一个新闻工作者，必须有科学的世界观方法论，正确认识当前形势和任务，才能写好报道，写好评论。同我一起分配到哲学研究班的还有后来担任中央党校副校长的杨春贵同学。他原是北大新闻专业 1955 级二班的学生。

未等毕业分配方案公布，我提前回家看望母亲和兄妹。到家后才知道，1958 年水稻丰收了，但吃公共食堂，浪费严重。1959 年，冬小麦收成不好。"大跃进"，母亲太累了，年老了，身体不好。我感到了问题，匆匆回校后，把每月省下的粮票，一两一两积攒起来，把每月发的半斤糕点票和二两粮票买下糕点、糖果保管起来，还到市场上买了十斤黑枣、十斤红枣，在冬天请一位军人带给我在无锡师范当教师的爱人张丽华，由我爱人下乡送给我母亲。母亲后来说，那年冬天，晚上实在饿了，就吃几个枣，或者一块糖，一块糕，才熬到小麦上场。此后，我在人民大学研究班读书期间，都把糖果票、糕点票积累起来，回家时买糕点、糖果带回家。

1959 年 9 月初，我到中国人民大学读书。不久，学校在楼下大饭厅召开批判右倾机会主义大会，让我们年级同学旁听受教育。原因是这样的：1959 年，党中央在庐山召开会议，讨论"大跃进"和人民公社出现的问题。会上,政治局委员彭德怀同志写给毛主席一封信,对"大跃进"、人民公社化运动中产生的问题,提出了自己的看法和批评意见。毛主席十分震怒,在会上严厉批判彭德怀的右倾机会主义,给彭德怀、张闻天、黄克诚、周小舟等同志扣上反党集团的帽子,指责他们向党猖狂进攻。这次庐山会议就成了反右倾机会主义的会议。会后,全党开展了反右倾机会主义的斗争,批斗了一批"右倾机会主义分子",从而使得"左"的路线变得更"左"。此前,中国人民大学党委与北京大学党委,联合成立调查组,去河南信阳地区调查,写了一份调查报告,反映了该地区的浮夸风和"共产风",以及农村缺粮挨饿的情况。批判右倾机会主义运动以后,两校党委就批判信阳调查团的右倾机会主义。由此,我们年级刚入学就旁听批判会,接受教育。我们是一头雾水。

很快,冬天到了,口粮减少几斤,食堂里玉米馒头多了,大米白馒头少了,鱼肉很少了。这一年冬天,全班到四季春人民公社的白菜地窖倒窖、剥烂白菜帮子,采树叶吃。一些同学脸上、脚上出现了浮肿。吴玉章校长到宿舍看望我们,流下了眼泪,吩咐后勤把农场养的猪杀了,熬成肉汤,给师生们食用。大家都激动得流泪。我认为,这就是给"大跃进"、人民公社化运动作了结论,给反右倾机会主义作了结论。在1959年以前,我认为毛主席的讲话、指示都是正确的,都相信,都拥护,但经过三年困难时期,我开始独立思考了。我是个后知后觉者，经过反右派运动和反右倾机会主义运动，我发言都很谨慎，都按照上级文件和《人民日报》社论说话。不讲心里话、实话，因为非常害怕犯错误，讲假话是被迫的。

我读书更认真。先是一节一章读一遍，把握大概内容，然后是逐字逐句阅读，弄懂论点，给每个段落归纳内容、论点与论据；读完一节后，再给每一节的内容进行概括，写心得体会。如此，读完全章，给全章作小结，写感想。全书读完后，要写对全书的心得体会。我用红蓝铅笔在书上做了只有我自己才懂的各种记号，突出重点。一本书读完，我几乎可以背诵全书的论点、各章各节的基本观点。

我重视学习马列原著，认为原著才是作者的真实思想。我特别认真阅读马克思、恩格斯、列宁的重要著作，尤其是《毛泽东选集》，不但认真读，而且结合党史反复读，做笔记。我很重视他们写文章的历史背景、面临的现实问题，从而具体地把握文章的内容和精神实质、文章所起的作用和重大意义。因此，我读马列著作和毛泽东著作，总是努力寻找历史资料，以弄明历史背景和当时提出的课题。我在读书时做的记号也特别多。因此，我读了两套《毛泽东选集》，读第一套《毛泽东选集》时，书上的记号做得密密麻麻，我自己也弄不清了，第二次重读时，我必须再买一套。毕业考试时，我的题目是"《矛盾论》及其意义"。我写了一天，把《矛盾论》几乎背了下来，并逐章加以介绍，最后写心得体会。

在哲学研究班读书，我常常反思自己的学习态度和学习方法,按照理论与实践结合的原则,总结经验,找出不足,加以改正。

在北京读四年大学,读三年多研究班,除了去过天安门广场、故宫和颐和园,其他如长城、陶然亭等均未去过。一方面原因是读大学时没钱,读研究班时又没时间,每个星期天都读书。读研究班时,每月 42 元助学金,比小学教师的工资还高,可以每月给母亲寄上 10 元。我们每个星期六晚上喝一次酒。一个宿舍,四名同学,各人一张书桌。我们约定,星期六晚上九点以后喝酒,轮流做东。星期六下午,去学校对面的杂货店,灌上两热水瓶老白干,买一点下酒的菜,九时以后,关上房门,坐下来喝酒,交换学习心得。喝足了,倒头便睡。我们这个哲学研究班,约 50 多位同学,除了 6 位应届大学毕业生以外,都是省、市高等学校的哲学老师和省、市党校的哲学教员,有的是高校、省市党校的骨干。三年多内,我是班长、党支部委员。

1961 年 7 月,我爱人张丽华从无锡到北京,我们在海淀区政府登记,在学校结婚了,一间学生宿舍,搬走一张双人床,把一张双层床改成两张单人床一拼,就是一张大床,买一条毛毯,两斤水果糖,留校同学为我

结婚照

们举行婚礼，张丽华唱了一支歌。婚礼简朴大方。

　　研究班毕业时，学校多次动员我留校，肖前老师、李德良老师曾多次动员我留校，我与他们也常往来。我多次到肖前老师家、杨炎老师家请教，顺便也抽他们的好烟，我要求回到江苏工作，因为我爱人张丽华在无锡师范附小教书，那时，解决两地分居不可能。随后学校又动员杨春贵同志留校，杨春贵的爱人在天津，他以无法解决两地分居为由谢绝留校，去了天津工作，后来被调入中央党校任副校长。教育部恰好给南京大学两个名额。由此，老师们也支持我到南京大学工作。

研究生毕业照

　　我于 1941 年 2 月上小学，1962 年 9 月中国人民大学哲学研究班毕业，前后共 21 年半，其间失学三次，累计延误两年，读书近 20 年。我能读完初中，读完师范，特别是能在北京大学读到本科毕业，在中国人民大学读三年哲学研究班，其中有我的努力，但根本原因是中国共产党和人民的培养。

第二章

艰难任教 20 年

一

1962年12月下旬,我到南京大学报到,在政治系当助教。当时的政治系,有哲学专业和马列室,哲学专业只有三个年级,每个年级约20多名学生,另有一个马列室,给全校各系开公共政治课,实际上是三门课,一门政治经济学,一门中共党史,一门哲学。南大政治系是一个新建的系,教师很缺。所以,我报到后,立即接受任务,去当一年级的辅导老师,参加课堂讨论,同时准备1963年第一学期给二年级讲毛泽东思想课。这门课,我在人民大学已自学两年了,所以很乐意。

当时,我们住七舍教员集体宿舍,一个房间三位老师。窗前一条路,白天人来人往,晚上还安静。月工资59.4元,比本科毕业生多6元。到了南京,离无锡近了,三小时火车可到。暑假、寒假和清明节都可回家,我爱人也可在星期六到南京看我。学校14舍有空房间,可以住宿。

1963年第一学期,我给二年级开毛泽东思想课,当时讲新民主主义革命阶段,分四个时期。每个时期先讲历史背景,再讲每篇文章。这是门新课,也是我第一次讲课,因此我特别认真。晚上,我常去学生宿舍,回答学生提问或由我向学生提问，互相讨论。同学们到栖霞山农村劳动，我也同去。他们至多比我小 10 岁，可说是同龄人。

当时，郭影秋同志担任南京大学校长、党委书记。听说，他原是一位中国人民解放军高级干部，在塔山阻击战时担任兵团政治部主任；他也是一位马克思主义理论家，与我系副主任陆夕书同志合写过一本关于阶级斗争的著作；他还是一位明史专家。郭校长为人谦和，温文儒雅，深得广大干部、师生敬爱。1963 年一天，郭校长的秘书潘忠哲同志找我，告诉我说：郭校长要做一个学习《关于正确处理人民内部矛盾问题》的学习报告，请你帮助找一些参考资料。于是，我从图书馆找了几本书送给他。后来，郭校长在大草棚教室内，给全校干部作了《关于正确处理人民内部矛盾问题》的学习报告，由我作记录。我记得郭校长就三个问题讲得很精辟。第一，

校园里

　　郭校长说，毛主席提出社会主义社会的基本矛盾仍然是生产力与生产关系、经济基础与上层建筑的矛盾，对马克思列宁主义是一个重大的发展。苏联的教科书说，社会主义社会生产力与生产关系、经济基础与上层建筑，是完全一致的，没有矛盾，并认为这是社会主义的优越性。郭校长说，这个看法是错误的。矛盾是普遍存在的，矛盾无处不在、无时不在，矛盾是事物发展的动力，矛盾消灭了，事物也就死亡了。社会主义与资本主义的根本区别是，资本主义社会的基本矛盾是对抗性矛盾，只有消灭资本主义制度才能解决。社会主义社会的基本矛盾是非对抗性矛盾，不断产生、不断解决，由此推动社会主义社会向前发展，实现共产主义。把矛盾和"对抗"区别开来，是认识社会主义社会基本矛盾的重要条件。苏联没有把矛盾与"对抗"区别开来，所以不能承认社会主义社会的基本矛盾。第二，郭校长指出，社会主义社会有敌我矛盾与人民内部矛盾两类，敌我矛盾是对抗性的，人民内部矛盾是非对抗性的，不同性质的矛盾要用不同的解决方法，处理敌我矛盾要用专政的方法解决，处理人民内部矛盾一般用说服教育和调解的方法解决。郭校长说，社会主义社会大量的是人民内部矛盾，所以，毛主席在最高国务会议上的讲话用了《关于正确处理人民内部矛盾的问题》这个题目。他说，在一定条件下，人民内部矛盾和敌我矛盾是可以相互转化的。对人民内部矛盾，如反对官僚主义，解决干群矛盾，如果有一方失去理智，采取极粗暴的态度、方法，就很可能由人民内部矛盾转化为敌我矛盾。而敌我矛盾在一定条件下也可能转化为人民内部矛盾。如对地主、富农分子实行劳动改造,而他们也接受改造,那么经过相当长时间改造,就可能使他们转化为自食其力的劳动者。第三,郭校长具体论述了区别敌我矛盾的政治标准,特别指出,坚持中国共产党的领导和社会主义道路,是最根本的区别敌我的两个标准。凡是拥护中国共产党的领导、坚持社会主义道路的,都是人民内部矛盾的问题;凡是反对中国共产党的领导和社会主义道路的,都是敌我矛盾。他以大量的实例予以说明。郭校长的报告,使我深受教育,也帮助我深入学习马列主义、毛泽东思想。

不久,郭影秋校长调任中国人民大学担任副校长、党委书记。自此以后,我曾两次在北京看望郭校长。第一次,1966 年初春,匡亚明校长派康贻宽书记带我去北京,向刘少奇主席办公室汇报建造溧阳分校,实行半工半读和劳动建校的情况。汇报以后,康贻宽同志带我去人民大学看望郭校长,郭校长不在校,在京郊苏家坨人民公社主持"四清"工作。我们又到苏家坨公社,康书记向郭校长汇报了学校情况和此次来北京的事,郭校长留我们一起吃午饭。北京的初春很冷,郭校长年事已高,仍然以一个普通党员的身份与农民同吃同住,他的以身作则的高风亮节,令人敬佩。我第二次看望郭校长已是 1978 年 4 月,我在北京参加全国哲学讨论会,同时修改《实践是检验真理的标准》这篇文章。我听说,郭校长在积水潭医院治病。我去了积水潭医院,潘忠哲同志领我去见郭校长。郭校长告诉我,他的腿有病,被医生误诊作骨癌治疗,现在双腿不能动了。我发现,经过"文革"的折磨,他的身体很虚弱。他问我学校的情况,我认真作了汇报。我向他报告了这次来北京参加哲学讨论会,修改《实践是检验真理的标准》一文。我把带来的文章大样请他看。他让我把要点谈谈,我讲了文章的要点和内容。我请郭校长指示。郭校长说,实践是检验真理的标准,是马克思主义的基本观点,我赞成。此后,我就没有再见过郭校长。郭校长去世后,潘忠哲同志组织南大的一些同志写回忆文章,我也写了一篇纪念郭校长的文章。

郭影秋校长调去北京后,匡亚明校长从吉林大学调到南京大学任校长、党委书记。两位校长,风格不同。郭校长重视思想工作,和风细雨。匡校长重视学校基本建设、科研设施建设,雷厉风行。当时,京剧革命已很热闹,文化教育战线的斗争已经开展。农村社会主义教育运动已经开始。匡校长首先抓了文科教育革命。1964年秋天,匡校长带领中文、历史、政治三系师生,到南通海安县搞"四清"工作。下乡之前先在南通市集训一段时间,没让我参加,命我带着几位有问题的教师和学生先到章郭公社一个生产队劳动去了。海安是水稻区,我乐于在此劳动,我和中文系、历史系的几个男老师和中文系的一个右派男生住一间房的地铺。

我们政治系分配在海安县章郭公社俞楼大队。政治系主任兼总支书记康贻宽同志为组长,政治系副主任陆夕书同志为副组长。工作组成员与农民"三同":同吃、同住、同劳动。我住在一家农民的猪圈边的草铺上。早、晚两餐，"洪湖水浪打浪"，玉米粉稀粥，有胡萝卜叶子，中午是胡萝卜烧米饭，两三样蔬菜，一碗汤。下田劳动，回家吃饭，饿得走不动了，要在田埂上坐上几次。后来，想了个法子，工作组每个人一星期可以上街洗一次澡。于是，每星期有一天，上街吃中饭，一斤猪头肉或猪爪子，半斤米饭，吃饱了，上澡堂洗个澡，买几块烧饼回到队里去。大家都很珍惜每个星期的洗澡日。后来，领导也明白，各个工作组自己集体办伙食了。饭吃饱了，鱼、肉、鸡、鸭都买，水田黄鳝很多、很便宜，吃得特别多。

我们当年怎么搞"四清"，这里说点情况。"四清运动"其实是"阶级斗争为纲"指导下在农村进行的两个阶级、两条道路的斗争。"四清"是清政治、清经济、清组织、清思想，清除"四不清"。人民公社、生产大队、生产队三级组织"政治上不清"：扩大自留地，搞多种经营，开放集市贸易买卖农副产品，干部蜕化变质，贪污腐化、多吃多占，地、富、反、坏等阶级异己分子混进党内等，都是"四不清"，所以要开展"四清运动"。开展"四清运动"，党中央有文件，"四清运动"有两个阶段，前一阶段的文件称"前十条"，后一阶段的文件称"后十条"。这两个十条，差别很大。"四清"初期阶段，多个地方提供了试点经验，总的看法，对农村存在的问题讲得很严重，似乎不少农村基层党组织的领导权已被阶级异己分子或坏人篡夺了。因此，"四清"工作组进村后，不能依靠农村干部和当地党组织，必须扎根串联、重新建立阶级队伍，即贫下中农协会。就像过去土改工作队到农村搞土改相似。因此,工作队进村后,与当地农村干部保持距离。因为把农村形势看得很严重,农村干部似乎个个有问题,似乎都是批斗对象。有的工作队,听了个别农民的片面之词,就训斥干部,甚至批斗、抄家,表现很盲目、很"左"。我们这个工作组,刚进村,也有两种看法,一些同志看到大队党支部书记、几个生产队长家的茅草屋是新盖的,盖得较高、较大,而且茅草较厚,就认为他们一定有严重经济问题,主张冷落他们,审查他们,年轻教师和青年学生大都是这样看的。而康贻宽、陆夕书两位组长,原本都是苏北农村的老干部,过去搞过土改,有长期农村工作经验,看问题比较客观、比较冷静,也深知农村的复杂性。因此主张广泛深入群众,听取各方面意见,同时听取大队党支部书记、委员、生产队长、党员和广大农民的意见,摆事实、讲道理,找出"四不清"的各种问题,找出原因和解决办法。事实证明,这个大队的党支部书记、大队长、各个生产队长,都是好的或比较好的,没有发现阶级异己分子。多吃多占多少有一点,但不严重,也无严重贪污。这次"四清",历时10个月,我们于1965年暑假回校。参加这次"四清",我有两个收获。第一,正确认识农村情况,很不容易,必须认真全面地调查研究,实事求是地认识问题,不能跟风走,不怕犯"左"的或右的错误,唯有实事求是是正确的。康贻宽、陆夕书两位老同志是我学习的榜样。第二,我具体认识了海安农村。1964年了,农民还住草房,大多数农户的草房低矮、破旧。一个大队,一间教室,二十多个小学生上课,一个初中文化的女社员当教员。我住的那户农民有个十多岁的女孩,不上学,在家干农活。我们工作组多次议论过:什么时候这里的农民也住上瓦房,也住上楼房呢? 有人说 10 年,有人说 20 年。这里的孩子,什么时候都能上学读书,读到中学毕业,能有几个孩子上大学? 大家默然。上世纪 80 年代,我在省委宣传部、党校工作,常去苏北,多次路经通扬运河边的曲塘镇、俞楼大队,看到了兴旺的曲塘镇、新建的学校、俞楼村的新瓦房和楼房,曲塘镇上的农民都是衣冠整齐,破烂衣衫不见了。"四清"运动,农民变穷;改革开放,农民变富。南京市民应该记得,三十年来,南京菜场上的小公鸡大半是海安农民送来的。

二

1965 年新学年,我到政治系一年级讲毛泽东思想课,时间一年,担任班主任。开学不久,匡亚明校长到政治系了解情况,知道政治系一年级开毛泽东思想课,提出要把一年级作为教育改革的试点。随后,匡校长到班上讲了一次,提出从三个方面学习毛泽东,一是学习毛泽东思想,二是学习毛泽东文风,三是学习毛泽东语言,简称学习"三个毛泽东"。

到 1965 年底,匡校长提出文科改革方案。一是文科三系到溧阳果园办南京大学分校,一、二、三年级都去,毕业班留校,老教师和体弱教师留校;二是文、史、哲三系打通,一、二年级上共同课,三、四年级上专业课;三是文、史、哲按年级编

上课

一个队，设党支部、班主任和教师组。匡校长带着文、史、哲三系的负责同志去溧阳果园看了几次，校党委就决定在此办分校。溧阳果园是溧阳县的国有果园，在上兴公社和老河口、旧县之间，是个丘陵地区，约一千多亩，1958年"大跃进"期间由本县干部下放开垦建立。果园分三个队，第一队在北部种梨树，二队在中部种桃树，三队在南部种苹果。农场有一些简陋的房子，大多为草房。溧阳果园的最大缺陷是无水，果园工人原是靠雨水生活的。这里年年亏损，果园离县城二十多里。溧阳县委听说南京大学要在此办分校，非常支持，愿意把果园无偿交给南大。

南京大学党委决定建立溧阳分校，师生劳动建造宿舍、教室和自来水管道、电线线路及道路基础设施。分校设党总支,总支书记康贻宽、副书记徐福基,还有三名总支委员,秦向阳、熊生宝和我,我担任一年级的党支部书记。

学校党委决定,文、史、政治三系由南大校本部搬迁到溧阳分校,老师、学生都步行。三个年级约三百学生,每个年级十多名教师,每个年级配备十辆板车,把一个小组师生的行李装在板车上,由全组同学轮流拉车。全程 200 里,预计走三天。第一天在汤山住宿,第二天在天王寺住宿,第三天到达果园。

我在第一队,跟同学和老师一起拉着板车,走出校门,浩浩荡荡,走在大街上,走出中山门,中午在马群吃饭,下午不到五时,到达汤山。一路上,大家有说有笑,互相鼓励,没有人掉队。只是许多同学、老师脚上起泡了,也有点双腿酸麻。汤山有温泉,大家用温泉泡了脚,吃了晚饭就睡了,睡得很香。第二天,步行速度就没那么快了,到天王寺吃晚饭,剩了不少米饭。第三天,大家希望早达新学校,劲头上来了,跑得快了,下午四时左右就到分校了。大家都很兴奋。杨柳绿了,桃花含苞待放,春天来了。我们要在这里创办一所大学。

刚到果园,我们住在一队与三队中间的二队,这里有四五排瓦房,原是果园职工的宿舍,我们暂住这里,到三队去建房,计 20 间宿舍,一个澡堂,三个教室,一个厨房和饭厅。但是,学校首先要修马路,安装电线杆和电灯,还要打井。一队担负了运输电线杆的任务,水泥电线杆很长很重,要从 10 里以外的南渡镇大河边运回果园。运输工具是大板车,一辆大板车由一位工人驾车,十个身强力壮的男生推车、拉车。一板车运两根电线杆。由我带队,一早出发,走十里路,到达南渡镇,大家齐心合力用绳索、木棍把水泥电线杆拉上板车,用绳索绑扎好,左右各5人,由老师傅驾着板车拉回学校。早春天气,雨雪交加,又湿又滑。汗水雨水把棉袄打湿了。中午回到学校。拉了十多天,才完成任务。之后就在三队配合工人建宿舍、饭厅和厨房。三队建了十间学生宿舍,质量很好,工人对同学的劳动很满意。同时,我们开始培植苹果树,我们的打算是,在每棵苹果树周围挖坑,每个坑倒一桶人粪,再把果园里的野草填埋下去,用泥土盖严了,让苹果树长壮了,再嫁接。可惜此事做了一半,我们就返回南京了。最遗憾的是,在三队打井,始终没见水,这里真的没有地下水。果园南面五里地有个旧县,据说过去是溧阳的县城,因为缺水,县城搬家了,留下几十户穷人,所以称"旧县"。现在的溧阳县是很美丽的,1966年"五一"节,我和妻子张丽华曾到溧阳县城吃午饭,鱼虾很新鲜。在溧阳县西边,1958年建立了一个大水库,称"天目湖",很美,水质很好,湖底是沙子,所以天目湖的鱼头名闻江南。溧阳还盛产茶叶,白茶尤为名贵。

正当我们劳动建校热火朝天的时候,"文化大革命"到来了。学校的命运、个人的命运是由大形势决定的。个人选择的余地很小,仅在左、中、右之间。一次无准备的选择可能影响一辈子的命运。

1966年6月2日早饭时,中央电台广播了北京大学的第一张大字报。当时,我正安排劳动任务,也没在意。中午到食堂吃中饭时,才发现墙上贴了许多大字报,有一部分是点名批评匡亚明校长和校党委的。中文系部分教师,在研究我国 20 世纪 30 年代的新文学时,写了几十篇论文,后来编印成书,匡亚明校长写了个按语,予以肯定,鼓励搞科研。但是,"文化大革命"已经到来。

当时的"左"派说,20 世纪 30 年代有一条以周扬为代表的"文艺黑线",30 年代的文艺就是"文艺黑线"的产物,从而进行批判。这样,匡校长的按语,岂非与"文化革命"对着干了?中央电台广播了北京大学少数干部教师的第一张大字报后,溧阳分校的少数师生就跟风而上了,写大字报点名批判匡校长和南大党委执行了修正主义路线。校园内顿时议论纷纷。

下午二时,党总支委员会开会,讨论目前情况,研究怎么办。大家都不发言,显然,《人民日报》发表北京大学的大字报,是明确支持大字报的。北大的大字报批评北大校长陆平和党委执行了修正主义路线,同时批评了北京市委的修正主义,口气很大,态度强硬,显然是党中央的决定。但是,北京大学到底发生了什么事,北京大学党委和校长陆平到底执行了什么样的修正主义路线,大家不知道。而且,就算北京大学执行了修正主义路线,是否全国的高校都执行了修正主义路线呢?毛主席的教育路线是:教育为无产阶级政治服务,教育与生产劳动相结合。我们是执行毛主席革命路线的。那时,大家对形势说不清,但有一点意见一致,就是要把溧阳分校稳定下来,把大字报平息下来,继续搞好劳动建校,尽快上课，实行半耕半读。并决定当晚七时召开党员大会，统一思想。会议决定，每个总支委员都要发言。

晚上七时，党员大会在大草棚召开，总支委员一个接着一个发言。总的精神是继续搞好劳动建校，争取尽快上课，对北大的大字报，我们好好学习。我的发言是：北京大学的大字报批判了北大党委的修正主义。北京大学的情况我们不清楚，南京大学与北京大学不一样，北大党委执行了修正主义，不能说南京大学党委也执行了修正主义。我认为，南大党委、匡校长执行的是毛主席革命路线，我们到溧阳果园来搞劳动建校，实行半工半读，走的是教育与生产劳动相结合的道路。各位总支委员发言的内容大体一致，都是肯定南京大学党委、匡校长执行的是毛主席革命路线。这次会议总的精神就是否定大字报。

党员大会后，各个年级又开了大会，没有写大字报的一些学生、教员和党员批评指责写大字报的学生、教员，以至上纲上线，扣上政治帽子，出现对立的苗头。这是始料不及的。会后，我们找双方谈话，力求平息争论。溧阳分校似乎平静了。

几天后，省里突然派了一个工作组到溧阳分校，专找写大字报批评匡校长和南大党委的师生谈话，没有听取党总支的意见。几天后，工作组宣布：南京大学溧阳分校党总支，执行了反革命修正主义路线，镇压了革命师生，是一个反革命事件。这样，溧阳分校就炸开锅了。最早批判匡亚明校长的师生就成了革命派，匡校长、各位总支委员都成了反革命。

一些同学要把分校的广播站拿到自己手里,于是发生了争夺广播站这个分校最重要的宣传工具的斗争。大字报贴满了校园,全是批判匡校长和党总支的。溧阳分校完全乱了,已经无人能管理分校了。于是,学校派了十多辆卡车,把分校的师生都拉回南京校本部。江苏省委支持了批判匡校长和南大党委的革命师生。

当卡车送我们回到南京大学时,校内校外,已经人山人海,到处贴满了打倒匡亚明、打倒溧阳分校党总支、打倒各个总支委员的大字报,当然包括"打倒黑帮分子胡福明"的大字报。我一下子从共产党员跌入反革命阵营,犹如从天上一下子跌入地狱,真的是晕头转向了。好在认识我的人不多。

我是与妻子张丽华一起回校的。溧阳分校筹建时,计划在分校也办一所小学,让分校的教职工子女入学,同时吸收周围农民的子女入学,张丽华是 1965 年秋天从无锡师范附小调入南京大学幼儿园工作,解决我们夫妻两地分居问题。我去溧阳分校后个把月,她也到了分校,先与女同学住一起。五月初,分校建成了十间小平房,分给我和张丽华一间,我们住了半个月。后来,她也与师生一起乘卡车回校。张丽华被我牵连,由一个受孩子们爱戴的女老师,蒙上"黑帮家属"的称号。或者说,因我成了"黑帮分子",全家蒙难,我三岁的女儿也因被骂成"黑崽子"而哭回家。株连九族,是"无产阶级文化大革命",还是"封建文化复辟",我很困惑。

"无产阶级文化大革命"的理论是"无产阶级专政下继续

革命的理论"，实行"以阶级斗争为纲"的政治路线，深入开展无产阶级与资产阶级两个阶级、社会主义与资本主义两条道路的斗争，革命的对象是"中国共产党内走资本主义道路的当权派"和"反动学术权威"，首要的目标是打倒刘少奇、邓小平为首的"资产阶级司令部"、"横扫一切牛鬼蛇神"，即地、富、反、坏、右、叛徒、特务、"走资派"，后来又加上"资产阶级知识分子"，也称"臭老九"。

我们从溧阳分校回到南京大学校本部后，造反派除了继续批斗匡校长和溧阳分校党总支外，校本部的"文革"也开始了，学校党委领导同志、各系党总支书记、系主任、教授以及部分教师，都受到批斗。溧阳分校的部分干部，文、史、政治三系未去分校的少数教师，也与我们一起遭批斗。

我曾遭受三次批斗。一次是在大操场挨批斗，主要批斗匡校长和几位校领导，他们站在台上；陪斗的有一大片，我是陪斗之一，站在台下，我的脖子上挂一块牌子，上写着"黑帮分子胡福明"，在我的名字上用红墨水打个"×"。上万人的大操场，我什么也听不清，批斗完了，我回家，妻子张丽华见我脖子上一圈红痕，用热毛巾给我按摩，防止发炎。另一次是在大礼堂接受溧阳分校师生批斗，主要斗争对象是匡校长，我们是陪斗。我要说明，政治系从未开过批斗会，也从未批斗过我。平时走在马路上，如果遇到单个同学，同学还称我"胡老师"。第三次，几个外系的同学到我家抄家，把我的许多书、讲稿都拿走了，连《毛泽东选集》也拿走了，因为书上有我写的心得体会,还在我家门口贴了批判我的大标语。一个矮个子的男同学最凶,责问我:"为何不挂毛主席的像?"我回答说:"挂毛主席像是严肃的,礼堂、会议室、办公室应该挂毛主席像,我这里是宿舍,住着一家四口,吃喝拉撒全在这里,挂毛主席像不严肃,我书桌上放一尊毛主席塑像比较好。"他无话可说了。

南大的"走资派"、"反动学术权威"、"黑帮分子"、"地、富、反、坏、右、叛徒、特务"等,也被红卫兵押着游街示众,每人戴一顶纸糊的高帽子,挂一块牌子。我也被押着去游街。

"文革"发展很快。南大溧阳分校先搞起来,立即把矛头指向南大校党委。《人民日报》发表社论《打倒匡亚明黑帮》,火越烧越旺。省委派了工作组。不久,火烧到工作组身上,批判工作组执行了"资产阶级反动路线",同时"文革"之火又烧到中共江苏省委身上。造反派分裂成两派,一派"红四联",一派"八二七"。原来的造反派已变成保守派了。省委领导同志也被批判了。后来,匡校长曾对我说:"我被打倒,在劫难逃啊!""文革"就是针对我这类人的,溧阳分校事件只是引子。陆平没有溧阳分校这种事,就有人组织哲学系几位教师写大字报,制造事端。江苏省委还是紧跟中央的,全国各省、市、自治区党委,各高校的党委一样被打倒了。

造反派把南大党委作为斗争对象后,对我们溧阳分校的"黑帮"就放下不管了,工作组也成了批斗对象,也不管了。于是,红卫兵把中文、历史、政治三系中的"黑帮分子"、"反革命分子"、"修正主义分子"等十多个中青年教师组成"劳改队",在校内进行"劳动改造",扫马路、扫教学大楼的厕所、拉板车、到木工厂劳动等,还规定每天要写"劳动改造"日记,贴在教学大楼门口墙上,如果有事不参加劳动,一定要事先请假,获得批准。

这时,全校的一批老教授、总支书记和干部,也在红卫兵的监督下进行"劳动改造"。一天,在九舍旁边,我看到历史系一个学生一边训斥一个老教授是剥削者、反革命分子,一边用腰上解下来的皮带抽打那个足以做他祖父的教授。一鞭抽下去,老教授就一晃。可是我不敢劝,也看不懂:学生可以借口"革命"打骂老师,可以给老师戴高帽子、挂牌子,可以抄老师的家,可以随意批判老师? 大字报上说:北京有个中学,学生把老师打死了。南京一所高校的学生把省教育厅长夫妻二人也折磨死了。还有校规吗? 还有法律吗? 还有人性道德吗? 还有天理良心吗? 这就是文化革命吗? "文化大革命"中,打、砸、抢、抄、抓,私设公堂,私设监所,无法无天之事,无人性无道德的举动,随处可见。知识分子最不能承受的是侵犯人权,践踏人格。据我所知,历史上取得胜利的农民起义,也是有法规、纪律的。刘邦率领的起义军进咸阳之前,就约法三章。中国共产党领导农民起义,制定了三大纪律、八项注意。

这个时候,我是"文化大革命"的对象,不是动力,已无权参加"造反",所以,在劳动改造之外,只能做两件事:一件事是揭发匡校长,一件事是交代批判自己的"罪行"。我与匡校长认识不到一年,只能把他讲的"学习毛泽东的思想,学习毛泽东的文风,学习毛泽东的语言"这个看法写出来;同时把匡校长关于"文科三系打通,实行半耕半读"的设想写出来,其他的实在不知道,瞎编也编不出来。至于我的"交代和自我批判",我在课堂上讲的都是《毛泽东选集》的内容,讲的都是马列主义基本观点,没有宣扬过修正主义观点,这有全部讲稿为证,讲稿已被造反派收去了,可以审查。我的问题是:脱离实践,脱离体力劳动,忽视思想改造。当然,我有许多怀疑,我曾怀疑反右派运动过火了,我认为总路线、"大跃进"、人民公社化运动是失败了,祸国殃民,我也认为批判彭德怀是错了。但这些想法都未形成过观点,也从未对别人讲过,只是自己心里想想,所以,我是不会交代的。"文革"开始,我就把从大学一年级开始写的日记,共十一本,全部毁掉了。先是在家里晚上把一本一本日记撕得粉碎,然后在夜静更深的时候上厕所,在厕所里用水冲掉。当时,我们住十五舍筒子楼,一个厕所十多家使用,所以得深夜偷偷去厕所把日记冲掉。有时冲不下去,急死人,用竹竿捅厕所。撕掉了几本,还剩几本。正为难时,我母亲从无锡乡下来看我,临走前我把剩下的几本日记用旧衣服包起来,让母亲带走,嘱咐她当晚烧掉,乡下的灶很大,烧起来容易,烧完后让妹妹给我写封信,说:母亲回家了,很好。过了几天,我妹妹来信说:"母亲回家了,很好。"我们才放心了。那十多本日记可惜了。

　　我已记不清"文革"的变化过程了。只记得"文化大革命"

的对象由批判南大党委,进而批判工作队,批判省委,批判刘少奇的"资产阶级反动路线",从 1966 年 8 月 18 日起,毛主席在天安门城楼上接见百万红卫兵,全国大中学生开始大串连,随后是造反派夺权,从上海一月风暴夺权到全国各省、市、自治区夺权(除台湾),到全国山河一片红。夺权中,造反派分裂成两大派,从而各地先后武斗,江青火上浇油,鼓吹"文攻武卫",武斗迅速升级,由大刀长矛武斗,发展到动枪动炮武斗,再后是干部下放劳动或到"五七干校"改造,工军宣队进驻学校。

红卫兵大串连后,学生大部分外出串连了,对我们的监管也少了,有些学生认为,我们这些"黑帮"、"修正主义分子"、"反革命"只是"小鱼小虾",不值得重视。也有的认为,这些人只是执行了"资反路线",或者具有资产阶级思想,够不上"走资派",仅仅是犯了错误,因此,这个劳改队伍无形中松散了。当然,我们有事仍然要向红卫兵请假。训话是严厉的。1966 年国庆节前,一个红卫兵对我们训话说:"国庆节不是你们的,只能在家里规规矩矩,不准外出。"我受到极大震惊:中华人民共和国是我的祖国,怎么不是我的祖国了?谁开除了我的国籍?我一直记着这句混账话。

我的一位邻居,是中文系一位有才干的青年讲师,他写了一本研究上世纪 30 年代著名文学家的专著,也被打入劳改队,他的妻子也是中文系教师,已怀孕临产了,急着要送医院,他只能先到学校去向红卫兵请假。无奈之下,我妻子张丽华虽然已怀孕五个月,还是步行到鼓楼叫了一辆三轮车,让那位女老师去鼓楼医院。顺便讲一讲,1967 年 2 月 7 日早晨,张丽华也出现阵痛,我立即陪她到鼓楼医院,随后去学校向红卫兵请假,然后回到医院,我儿子已经出生了。多灾多难的母亲都顺产了,"黑崽子"们都平安,古人说"苍天有眼",是这样吧。

南京造反派于 1967 年 1 月 26 日夺了江苏省委的权后,造反派内部两派斗争就成了热点。从此,几乎无人管我们这个劳改队了。我们中的一部分同志还参加了造反派,我与政治系教师一起学习,但不参加造反派组织。我认为,两派根本上一致,只是某些问题有分歧,应该联合起来。我决不参加派别斗争。我的任务是学习。

我成了逍遥派,没有人管我,去学校看看大字报,在家里看看书,读马列、毛主席著作,读历史书,能拿到的各种传单、书籍也看看。抱孩子,做家务。还有就是胡思乱想各种问题。

想得最多的问题是:"文革"是什么? 为什么要搞"文革"? 毛主席批评老干部和领导同志对"文革""很不理解,很不得力",这是真话。除了他自己和林彪、康生、陈伯达、江青和"中央文革"几个人,其他老同志似乎都"很不理解,很不得力"。我们这些小人物当然"更不理解了"。红卫兵、造反派理解"文革"了?"文革"打击的重点是"党内走资本主义道路的当权派"和"反动学术权威"。什么是"走资派"?"走资派"的标准是什么? 各级领导干部都是"走资派"? 当官的都是"走资派"? 毛主席没有说明白。什么是"反动学术权威"?

专家、学者、教授、院士、科学家都是权威。权威都是反动的？谁也说不清。"造反有理"，谁造谁的反？造中央"文革"小组的反，造江青的反，也有理吗？也打倒吗？

"文革"的重点对象是"党内走资本主义道路的当权派"，就是说，党内走资本主义道路的不是几个、几十个、几百个孤立的敌人，而是"一个派别"，是有组织的、有上下级系统的，党内走资派有个中央司令部——刘少奇、邓小平为首的"资产阶级司令部"。这样，党中央就有两个对立的司令部——毛主席代表的无产阶级司令部、刘少奇代表的资产阶级司令部。骇人听闻啊！历史上，党内出现过"反党集团"，但没听说出现过"资产阶级司令部"。过去，党一直教育我们：党中央是团结一致的，毛主席是党的最高领袖。现在告诉我们这些普通党员：党中央有两个对立的司令部，我确实无法相信，无法理解，看来我们多年受骗了？受谁的骗？受刘少奇的骗？受骗上当，是"文革"期间的一大特色。一会儿这个派是革命派，那个派是保皇派；一会儿，那个派又变成革命派，这个派又变成保皇派；总之，保皇派、革命派不断变换身份。造反派的成员不断站队，站错了队就检讨，就"请罪"。当时流行一个段子："站不完的队，做不完的检讨，请不完的罪。"群众也难啊！

"文革"期间，个人崇拜达到巅峰。或者说，个人崇拜是"文化大革命"的导向、旗帜。早在 20 世纪 60 年代初，林彪就指使搞了一本《毛主席语录》。这本语录，从《毛泽东选集》中摘取许多片断，编成小册子，让战士、干部阅读、背诵，还组织评选学习毛主席著作的积极分子。毛主席号召全国人民学习解放军，全国广大党员、干部和人民群众，大家都学语录，人手一本至几本《毛主席语录》。林彪为《毛主席语录》写了个序言，提出了天才论："毛主席是天才，中国几千年、世界几百年出一个"，"毛主席天才地、创造性地、全面地发展了马克思列宁主义"，"毛泽东思想是马克思主义的顶峰"，"毛主席的话句句是真理，一句顶一万句"。这样，林彪就把毛主席与广大党员、干部和人民群众区别开割裂开了，毛主席不再是人世间的人了，不再是从反帝反封建的伟大革命实践中涌现出来的伟大革命领袖了，不再是人民群众和广大干部、党员在反帝反封建革命运动中推举出来的伟大领导人了，而是一个天生的神仙了。这样，广大党员、干部、人民群众根本不需要也不允许调查研究国家大事，不需要独立思考，不能有自己的看法，更不允许发表自己的见解，一切的一切只需要听从毛主席的指示、决定去做。毛主席指向哪里，就打向哪里。毛主席指示是"最高指示"、"最高最高指示"。这样，林彪就成为最最高举毛泽东思想伟大旗帜的人，林彪在天安门城楼陪同毛主席接见红卫兵时，在各种会议上，总是手拿一本毛主席语录，总是高呼："毛主席万岁！万岁！万万岁！"林彪对毛主席的"忠诚"真是达到了极致，真正做到了"语录不离手，万岁不离口"。"文革"开始后，林彪又给伟大领袖毛主席加戴四顶帽子："伟大的领袖、伟大的导师、伟大的统帅、伟大的舵手"。这样，林彪就成了毛主席的"亲密战友"和接班人。

林彪不仅大搞个人崇拜,而且动用暴力来保卫毛主席。他提出,"谁反对毛主席,全党共诛之,全国共讨之",并颁布了公安六条,第一条就是"谁反对毛主席就打倒谁"。"文革"期间,全国有多少人被扣上"反对毛主席"、"反对毛泽东思想"帽子,因而被逮捕被枪决的,无法统计。"文革"后知道,辽宁的张志新因"为刘少奇叫屈"而被处死,苏州的林昭因"为彭德怀鸣冤"而被枪决。这两人都是弱女子,骨头却很硬,林昭是北京大学中文系学生,我的学姐;张志新是中国人民大学经济系的毕业生,也是我的校友。

个人崇拜在"文革"期间,一浪高过一浪,如唱语录歌,跳忠字舞,佩毛主席像章,各地制造毛主席像章,争奇斗艳,"百花齐放",到处建立毛主席塑像,越造越大,还有忠字台、忠字化,在毛主席像前"早请示,晚汇报",层出不穷。一次我去外地,火车刚开动,喇叭里要乘客全体起立,唱语录歌。住在招待所,一到食堂就餐,喇叭里突然叫客人起立,做"早请示"。至于开会,当然要先读毛主席语录。全国几乎到处是庙堂了。这是污辱马列主义、毛泽东思想,不是"无产阶级文化革命",而是封建神学复辟。

在"文革"中,我对两个人特别注意观察,一个是林彪,一个是江青。林彪在"文革"中的表现特别突出,他以"毛主席的亲密战友"和接班人的身份对毛主席表"忠心"可谓无以复加。江青以毛主席夫人的特殊身份担任"文化革命小组副组长",俨然以毛主席代表的姿态,发号施令,指挥红卫兵,领导

"文革",今天点名批判这个领导人,明天打倒那个领导人,不可一世!俨然一副家天下的架势。我认为,党内出野心家、阴谋家,就是林彪、江青这两个人。这是 1967 年秋冬之间开始,我与姚诚同志多次议论的事。姚诚同志是政治系教师,教政治经济学,为人正直,思维敏捷。我被打倒后,他常在晚上到我家看望,有时也到北京西路、鼓楼下面议论,无话不谈。我们认为,林彪、江青是最大的野心家、阴谋家。

1968 年夏天,在江青的"文攻武卫"的叫嚣下,南京面临两派大武斗的危险。我全家到了靖江县季市镇张丽华的老家,寄住在她姑妈家。季家市这个小镇,虽然也经过"文革"的风暴,毕竟是苏北小地方,很快恢复了平静,"文革"成了街谈巷议的话题。我在菜市场、烧饼摊、油条摊旁边,常听老人议论,他们借历史说事,那些议论,吓得我不敢听下去,不久,我们就回南京了。

工军宣队不久就进驻学校,造反派两派开始大联合。学校成立了三结合的革命委员会,由工军宣队负责人、革命干部、造反派代表组成。各个系也都成立革委会,由工军宣队负责人、革命干部和造反派代表(两个造反派各有代表)组成。我不是三结合对象,所以没有参加革委会。斗、批、改后进行了整党,我通过了整党,恢复了党组织生活。后来听说,整党前,工军宣队和两派学生到我家乡调查我的家庭和历史,老农民对他们说:那靠河边第一家,就是胡福明家祖祖辈辈住的房子,那是贫下中农,你们去看看吧,家里连桌椅都没有。我深深感到普通农民、绝大多数学生和工军宣队是公道的、讲真话的。毛主席说，要相信党，相信群众。经过"文革"，我真理解了。从此，我以绝大多数人的态度作为观察研究问题的主要根据。

在林彪的一号命令下，全国党政机关和企事业单位的广大人员，纷纷下放到"五七干校"参加劳动，接受改造。南京大学文科一部分人下放到溧阳果园，那里有一批房屋。一部分分散到溧阳农村。我们政治系的大部分师生住在老河口附近的农村。我与部分老师住在一户农民家，还是在鸡窝旁睡地铺。有时劳动，有时读报，坐在地铺上讨论，晚上聊天。我的妻子带儿子就下放在果园。这个时候，大家都很苦闷。感到前途茫茫，不知归宿在何处。我被打倒后，就与张丽华讨论过："前途如何？"我们准备好全家下放农村，我身体好，会种田，一家可以温饱。当时，上面说，解放后十七年，教育战线是黑线统治，是资产阶级专了无产阶级的政，培养的学生都是资产阶级知识分子。我真后悔，辛辛苦苦读了 20 年书，由一个贫下中农子弟，变成了一个资产阶级知识分子，一个黑帮分子，真冤。我从下放劳动的住地去看望妻子、儿子还得请假，走十里路。而我那些幼时的伙伴，仍是响当当的贫下中农，老婆孩子热炕头。早知今日，何必当初！真苦闷啊！但又不甘心，上学读书真错了？时也，运也，命也。我在寻找答案。

我们这次下放农村，不在农民家搭伙，是自己办伙食，所以要定期上街购买粮食、油盐。一天，一名同学与我轮值到上兴镇购买粮食、油盐。那是寒冬,可是阳光明媚。我们拉着板车,十多里路一个多小时就到上兴镇,买好粮食、油盐已近中午,就到一家小饭馆就餐,要了两斤黄酒,几样菜。肚子空了,又久不喝酒,心情郁闷,两碗酒下肚,感到头晕,吐了一地。歇了一会,饭也没吃,就回去。走到半路,走不动了,就在路边田头睡一觉。还是走不动,那个学生让我躺在板车上,把我拉回住地。晚饭也不吃,倒头就睡。夏收夏种期间,师生都下田干农活,我下田插秧,跟农民插的差不多。插秧在苏南农村可是技术活。

三

中国共产党第九次代表大会召开,举世瞩目。我注重的是三点:一,总结了毛主席关于无产阶级专政下继续革命的理论,把它作为社会主义社会的基本理论;这个理论说,社会主义社会始终存在无产阶级与资产阶级、社会主义与资本主义两个阶级、两条道路的斗争;坚持两个阶级、两条道路的斗争,是党在整个社会主义历史时期的基本路线,社会主义社会始终要坚持以阶级斗争为纲,坚持无产阶级专政。这个理论,与马克思主义不一样。马克思在《哥达纲领批判》中指出:在资本主义向社会主义的过渡时期,必须实行无产阶级专政。这是为了剥夺资产阶级资本的需要,是为了镇压资产阶级的反抗。马克思认为社会主义社会,建立单一公有制,或称全民所有制,实行按劳分配,但还存在三大差别:工农差别,脑力劳动和体力劳动的差别,各家由于劳动力强弱、人口多少引起的收入差别。因而还存在事实上的人与人之间的不平等,即"资产阶级法权"。因此,社会主义社会必须大力发展生产力,使物质财富充分地涌流,以逐步消灭三大差别,实现"各尽所能,各取所需"的共产主义。如果在整个社会主义历史时期,主要矛盾都是无产阶级与资产阶级的矛盾,都以阶级斗争为纲,那又怎么进入共产主义社会呢?在一个晚上消灭阶级,进入共产主义?我认为,消灭阶级应该是一个渐进的、漫长的过程。消灭脑力劳动与体力劳动的差别、城乡差别和人与人之间的差别,主要靠生产力的高度发展,教育、科技、文化和社会事业高度发展,政治思想、人生观价值观、精神文明建设达到高水平。

二,党的九大,给刘少奇定性为"叛徒、内奸、工贼",开除党籍。打倒刘少奇是既定的方针,在"五一六通知"中已预示了。在党的八届十一中全会,毛主席写了《炮打司令部》这张大字报,已经近乎公开点名打倒刘少奇了。剩下的两个问题是,如何使广大群众仇恨刘少奇?如何给刘少奇定罪?前一个问题,就是给刘少奇安上推行资产阶级反动路线的罪名,让大中小学生打头阵;第二个问题,比较难办。因为,"文革"期间,把刘少奇说成"资产阶级司令部"的"头号走资派",说他"推行资产阶级反动路线",这都是社会主义革命时期的"现实的罪行",似乎应在这方面定案,给刘少奇戴上"头号走资派"的帽子,但是没有,却突然提出刘少奇在民主革命时期的历史问题,扣上"叛徒、工贼、内奸"的帽子,奥妙在哪里?百思不得其解。在刘少奇的历史问题上做文章,对于党和国家领导人的历史,党内广大干部不了解,广大党员和人民更不知道。这就有很大的想像空间,可以由极少数人操办、制作。他们给刘少奇定性为"叛徒、内奸、工贼",广大干部、党员和群众,无法核实,无法发表不同意见,只能按组织原则服从,但也难以令人信服。再说,刘少奇作为中华人民共和国主席是由全国人民代表大会选举产生的,全国人民代表大会是我国的最高权力机关,这是由我国宪法确定的,党的第九次全国代表大会把刘少奇定性为"叛徒、内奸、工贼",置全国人民代表大会于何地?置中华人民共和国宪法于何地?

　　三,党的九大修改党章时,把林彪作为毛主席的接班人写进党章,举世惊讶!党的历史上没有过,世界共产主义运动史上没有过,只有历史上的皇朝,才有"太子"、"储君"。林彪永远忠诚于马克思列宁主义、毛泽东思想?永远忠于毛主席?林彪不会变化?党的九大党章居然作了绝对肯定的结论。据我所知,党内外议论纷纷,可是谁也不敢说。

　　党的九大选举了中共第九届中央委员会,林彪及其部下黄永胜、吴法宪、叶群、李作鹏、邱会作,中央文革的江青、张春桥、姚文元都当上了中央委员,并在九届一中全会上当选为政治局委员,毛主席的夫人、林彪的夫人,都跻身党和国家领导人行列,这也是一个奇迹啊!由此,林彪集团和江青集团又展开了争权斗争。在党的第二次庐山会议上,林彪又大讲天才论,陈伯达随之抛出马、恩、列、斯论天才的语录,他们以此显示对毛主席的忠诚,试图打压江青一伙。这一次,毛主席震怒了,写了《我的一点意见》,阐述了马克思主义认识论,批判了唯心论的先验论,严厉批评陈伯达一伙政治骗子。陈伯达搞"天才论"的语录是搞唯心论的先验论,是政治骗子,应该批判;林彪"文革"前鼓吹的"天才论"是不是唯心论的先验论,是不是政治骗子,如果是,又怎能让它横行,让它欺骗广大干部和人民群众?"文革"前,林彪鼓吹"天才论"就成了毛主席的亲密战友和接班人;庐山会议上,陈伯达宣扬"天才论"就是政治骗子,被打倒。命运如此不同!"天才论"都是唯心论、形而上学,都是反马克思主义的;鼓吹"天才论"的都是政治骗子。"天才论"是奴隶制度、封建制度的产物,是为君主专制主义服务的,它是资产阶级民主革命的对象。无产阶级的原则是:没有神仙和皇帝,全靠自己解放自己。

第十次路线斗争开始了。这次路线斗争是什么内容呢?开始不清楚,后来似乎明朗了。党的九大后,中央准备召开第四届全国人民代表大会,似乎要整顿社会秩序,进行社会主义现代化建设了。还有,国家主席刘少奇已经去世了,而且已被党的九大定性为"叛徒、内奸、工贼",开除出党了,对此,全国人代会也得有个说法。但是,就在第四届全国人代会的议程上,发生了激烈争论,焦点就在国家主席问题上。毛主席的指示是:不设国家主席,"我也不当国家主席",而且重复了多次。林彪则坚持:"设国家主席",由毛主席担任国家主席。毛主席说,主张设国家主席是"反党纲领"。当时,我们实在不懂,设不设国家主席,怎么成了两条路线斗争的焦点? 建国后就设国家主席,毛主席也曾担任国家主席。这是一场微妙的、复杂的、尖锐的政治斗争,说白了,林彪要当国家主席,毛主席不准林彪当国家主席。一个国家只能有一个最高领导人,以保证党的领导和国家的团结统一。

我们都跟着"批陈整风",认真学习唯物论的反映论,批判唯心论的先验论和天才论,中央提出学习马列主义经典著作,开列了六本书:《共产党宣言》、《费尔巴哈与德国古典哲学的终结》、《反杜林论》、《哥达纲领批判》、《唯物主义与经验批判主义》、《国家与革命》。省革委会宣传组找我谈话,要我做准备去讲解这六本书。于是,我就集中精力重读马列著作,努力寻找历史背景材料和辅导读物,编写讲稿。我给省革委会党的核心小组讲了几次,我努力讲述马克思列宁主义的基本观点,批判天才论,反应尚好。此后,许多单位都邀请我去讲课,我就组织政治系一批青年教师一起备课,请他们都去讲课。由此,我的处境改善了,可以专心读书和活动了。我也逐渐意识到批判陈伯达只是引子,斗争的矛头逐渐指向了林彪。我们在观察。

1971 年初冬的一个下午,我和妻子张丽华都接到党组织的通知,说晚上七点在大礼堂召开党员大会,并且每人发一张入场券,说明要凭券入场。会议似乎很神秘。这在过去是没有的。张丽华问我:"什么事? 这么神秘。"我不知道,只能说:"可能党内出了大事。"她问:"什么大事?"我说:"可能出了反党集团。"她问:"谁?"我说:"可能是林彪?"我们晚饭后,一起早早进了会场,找了靠前的座位坐下,等待传达文件。党的核心小组负责同志传达中央文件。文件说林彪反革命集团叛党叛国,驾机出逃,已摔死在蒙古温都尔汗……从此开始了"批林整风"。

对于林彪反革命阴谋集团的叛党叛国的罪恶,大家极其痛恨。同时,私下里也议论纷纷,焦点在于:林彪怎么能得逞于一时,怎么会成为毛主席的亲密战友和接班人,并且写进党的九大的党章中,这是史无前例的。在很长时间内,大家讲到共产党和解放军时,都称"朱毛红军",公认毛泽东主席和朱德总司令是领导人,解放初期礼堂、会议室还挂他们两个人的像。毛主席的亲密战友也不止林彪一人,应有朱德、周恩来、刘少奇、邓小平、陈云、彭德怀、陈毅、张闻天等等,决非林彪一人。那么林彪是怎样成为毛主席的亲密战友以至接班人的呢?林彪建立了什么"新功"呢?鼓吹对毛主席的个人崇拜,是林彪从 1960 年后做的主要工作,也是他立的"新功"。个人崇拜是红卫兵运动的舆论导向,是召唤百万红卫兵汇集天安门广场接受毛主席检阅的号角。红卫兵运动又推动和提升了个人崇拜,为毛主席发动和领导"文化大革命"提供了强大推动力。这是林彪同其他领导同志显著不同的地方,从而上升为毛主席"最亲密的战友和接班人"的根据?那么,林彪阴谋实行武装政变,谋害毛主席、篡党夺权,阴谋败露后,叛党叛国,仓皇出逃摔死他乡之后,又该怎么解释?

当时我们先后看到的材料有三种:第一种,林彪指示林立果组织"联合舰队"制订"五七一工程计划",即谋害毛主席的武装政变计划,以篡党夺权。这是揭露林彪集团野心家、阴谋家本质和罪行的文件。第二,公布林彪在井冈山时期、长征时期和解放战争时期曾不断反对毛主席指示的材料。说明林彪一贯反对毛主席和毛泽东思想,证明林彪不是毛主席的亲密战友。第三,公布毛主席批评"天才论"和"四个伟大"等的材料,说明毛主席早就反对林彪搞个人崇拜。从而说明,林彪一伙政治骗子,仅仅使广大干部党员和群众上当受骗,而毛主席从未受骗,毛主席明察秋毫。那么,中共第九次全国代表大会,为什么在党章中写上林彪是毛主席的亲密战友和接班人呢? 实在无人能说清楚。不过,有一点是清楚的,即广大干部、党员和人民群众开始怀疑"文化大革命"的正确性,而且提出疑问,究竟是"文化大革命"利用了林彪反革命阴谋集团,还是林彪反革命阴谋集团利用了"文化大革命"? 这个问题,至今都未弄清楚。据我看,"文化大革命"与林彪反革命集团是相互利用,首先是"文化大革命"需要林彪集团保驾护航,然后是林彪利用"文化大革命"以实现其篡党夺权的野心。

四

1966 年"文革"开始后,高等学校就"停课闹革命"了,也停止招生。几经议论,先是说理工科还是要办的,后说文科也要办。1970年,高等学校招生开学了。南京大学也准备招生开学,各个系都组织教学队伍,与搞革命运动的班子分开。学校党的核心小组指定我担任政治系党总支委员,负责教学工作,总支书记负责清查"五一六反革命阴谋集团"的工作。我没有参加造反派组织,也没有参加造反活动,所以既没有被清查,也没有参加清查"5·16"的工作。当时招收学生,是由农村人民公社、工厂企业、解放军部队和党政机关,推荐保送青年的农民、工人、干部和战士上大学,称工农兵学员。招生工作与大学无关,大学只需接收工农兵学员,进行教学、培养工作。

为了做好教学工作,先要组建教学队伍。南大政治系本是个新建的系,教师队伍在全校是最小的,而且年轻人多。当时,一部分教师在学校,一部分在溧阳果园劳动。当时我的办法是,先把在溧阳果园劳动的老师调回学校。他们在果园劳动,很艰苦,家里有老有小,夫妻两地分居,受难啊。我要尽快把他们调回学校。有人说,他们上课还早。我说,他们已几年没上课、没读书了,业务荒疏了,而且,学制缩短了,形势也变化了,他们要重新备课,重新写讲稿,不提早回校不行啊!为了上好课,他们要早回来。工军宣队同意我的意见,陆续把本系的老师都调回学校。政治经济学和党史两门课,原由马列室老师担任,我也从马列室下放溧阳果园的老师中调两位政治经济学老师到政治系担任教学工作,还从校部机关调进两位女教师。我的原则是,尽可能把老师的积极性调动起来,把教学工作做好,培养好学生。

　　政治系第一届工农兵学员是 1972 年 3 月入学，1975 年 8 月毕业的，重新从事教育工作，是我的愿望。既做教学行政工作，又教授课程。开始时，没有行政工作人员，也没有工人，我一早到办公室，扫地、擦桌子、打开水。我与老师一起编制教学计划，制定课程。晚上，我常去学生宿舍，既解答学生的疑问，又听取学生的意见、批评，以改进教学工作，还与学生谈心，力求与学生打成一片。我认为，政治系工农兵学员，最重要的是专心学好马克思主义原理，学好马克思主义哲学，学好毛泽东思想，坚持理论联系实践，自觉掌握马克思主义的立场、观点、方法，研究革命、建设和现实问题。我提倡多读书，多思考，多讨论。不久，掀起了一股反回潮、反复辟之风。有人在我办公室外贴了一张大字报，批评我搞智育第一，复辟资产阶级教育路线。我感到很气愤，不过我是经过批斗的，不怕了。奇怪的是，大多数学生不支持这张大字报，不但没有批判我，还希望我更多地讲解马列原著，我受到很大鼓舞，工农兵学员经过了锻炼，具有独立思考能力。

　　修订后的教学计划，每年都安排学生到工厂或农村劳动与调研一个月至两个月，以求达到理论联系实际、教育与生产劳动相结合。第一届工农兵学员曾到南京汽车制造厂劳动六周，学生与工人相处得很好。1973 年秋天，第一届工农兵学员一部分到太仓县作调研，一部分跟随省委农村工作组到盐城阜宁县做农村调查。盐城是新四军的根据地、革命老区，师生的积极性很高。在阜宁，我们受到了深刻的教育。

首先，革命老区很穷，县城镇上没有大商店，也没有机械化工厂，新楼房很少，也没有水泥路。我与钟志民同学两人去一个公社，在坎坷的水渠道上走了半天才到。农村有很多草房，农民衣服破烂，糠菜、胡萝卜合着大米、玉米面煮了当饭吃。我们访问了几个单身汉，他们住在又矮又小的草房里，一扇玉米秆编的门，地上铺稻草作床，一条破被子，地上砌一个灶，两只碗。农民干一天活，秋天可分一角钱。当地流传一个故事：一个农民早上出工，在路上拣到一角钱，他扛着锄头转身回家，因为他已拣到了一天的工资。农村政策很"左"，木工、泥瓦匠不能出外打工，出去打工就是资本主义自发势力，农民养的鸡、鸭、鸡蛋、鸭蛋及自留地种的蔬菜都没有集市可以出卖。那么农民如何温饱呢？也就在这个公社，我们发现了惊人的"高利贷"。农村的二、三月和七、八月，都是青黄不接的时候。农民缺口粮了，就借高利贷。譬如说，二、三月借一斗米，秋收后本利一起归还两斗米。七、八月借一斤麦子，秋收后还二斤米。高利贷的利率远远高于银行利率，是很残酷的剥削，放高利贷的人，有富人、农村干部、机关干部等。我们认真了解了这个情况，立即向工作队长刘平同志汇报，刘部长很重视，要我们再认真调查，写个报告，我们写了关于高利贷问题的报告，建议由人民银行发放贷款，抵制高利贷，同时打击高利贷。后来，听说省委很重视这件事，指示人民银行发放上千万元贷款，发放给贫苦农民，并采取措施打击高利贷。

同时,我们了解了公社卫生院。那时,农村已搞计划生育,对已生育子女的农村妇女,用结扎输卵管的办法,限制生育。当时规定,一个妇女结扎输卵管后,公社补助一斤红糖,增加营养。我们发现,妇女结扎输卵管后,并没有给一斤红糖,当时已是冬天,她们还睡在芦席上。于是,我们找公社领导,要求给结扎了输卵管的妇女立即发一斤红糖,并借给她们一人一条棉被。公社领导了解情况后,都同意了。

在下乡调查的几天里,我和钟志民常常交谈,有时谈到深夜,既谈农村问题,又谈个人的事。他告诉我,他父亲是老红军,福州军区政治部副主任,他是开后门参军的,也是开后门上的大学。这是干部特殊化。他说,到阜宁看到农民这么苦,很难过。他突然提出要退学、退伍,到老家农村去种田。我感到吃惊,既钦佩他勇于自我批评,以实际行动反对走后门,要求退学、退伍的精神,又感到惋惜,他勤奋好学,勤于思考,再一年就毕业了,中途辍学,可惜了。我劝他,毕业后再说,他表示已经决定,不再改变。于是,钟志民写了要求退学退伍、反对走后门的报告。回校后,钟志民把报告送到南大党委,受到全校师生和干部的热烈支持和赞美。1974 年 1 月 18 日,《人民日报》在头版头条刊发了钟志民要求退学退伍、以实际行动反对走后门的报告,受到广大群众和干部的支持和赞扬。南大广大师生和干部,热烈欢送钟志民回福州军区。过了几天,上面传来讯息,毛主席有批示:"批林批孔又批走后门,三箭齐发","走后门进来的并不都是坏人",一下子就把反走后门压下去了。我们实在想不通。批判林彪反党集团，大家是赞成的。至于批判孔丘这位两千多年前儒家学派的创始人，为什么呢？从"梁效"等大批判写作组的"文章"看，批判孔丘是批判敬爱的周恩来总理，政治系第一届工农兵学员早就指出这一点，所以抵制批孔。至于批判走后门，是广大群众和干部热烈赞成的。走后门是一种不正之风，是一种特权。反对走后门，并非反对老干部。老干部走后门应当改正。反走后门，也没有人说走后门上大学的学生是坏人。

学生是抵制批孔的，因为批孔的实质是污蔑周恩来总理。所以，在评法批儒运动期间，第一届工农兵学生只参加了《韩非子》一书的注释工作，借此机会，学生读了一点法家著作，学了一点历史和古文，长了知识。《韩非子注释》初稿后由中文系周勋初教授仔细研究改写后公开出版，这是一本优秀的学术著作。

顺便谈件事。在拨乱反正过程中，有人批判"风派"，即"文革"中跟风转的人。跟风转，当然不好，不敢坚持实事求是么。可是，"文革"期间，几个人敢于反对"文革"？几个人敢于反对林彪、江青的讲话？他们分得清真理和谬误吗？他们有权利、有自由可以独立思考、发表自己的意见吗？明说了，反右派运动，"大跃进"运动，人民公社化运动，红卫兵造反运动，哪个是群众自觉的运动？哪个不是跟风的运动？跟风是那个时代干部群众无奈的表现。跟风只要不是出于野心，可以理解。讲违心话，为了避难，情有可原。其实，更重要的,是要研究刮的什么风,是东风还是西风,是正风还是歪风,是东风、正风,当然要跟;是西风、歪风,当然要抵制。我盼望有一天,每个干部、每个共产党员、每个共青团员、每个公民,都能独立思考,都能实事求是,把马克思主义普遍真理与中国实践结合,能够自己判断刮的是什么风,是正风还是歪风,那就不会盲目跟风了。或者,依法保护言论自由、学术自由,也不会盲目跟风了。

1975 年,周总理病重,邓小平同志主持中央工作,实施全面整顿,即整顿铁路运输,整顿钢铁工业,整顿科技、教育、文艺,整顿军队等。邓小平反复强调:"整顿的核心是领导班子",要"敢"字当头,要冒着被打倒、被骂作"还乡团"、被指责为"复辟"的风险,对军队、地方、工业、农业、商业、文化教育、科学技术、文艺,进行全面整顿,发展生产力,发展经济。在整顿过程中,推动造反派大联合,批判资产阶级派性。全面整顿大显成效,铁路畅通了,原料、钢铁、煤炭、商品等物资运输及时了,工业生产迅速恢复,市场供应明显改善,受到广大人民群众和干部的拥护和赞扬。在全面整顿期间,省委宣传部曾要我作了几场报告,讲述全面整顿的必要性和内容,批判资产阶级派性。全面整顿实际上是纠正"文革"的错误,开始拨乱反正,但是触犯了毛主席发动"文化大革命"的底线,"四人帮"及其走卒们造谣,攻击"全面整顿"是"翻'文化大革命'的案",从而引起了毛主席的不满,重提"阶级斗争是纲,其余都是目,纲举目张"。由此发动了"反击右倾翻案风"。

1975 年冬天起,我带领政治系第二届工农兵学员,到无锡县钱桥公社农村劳动和做调查研究。晚上男同学睡在仓库里,无法读书,也不开电灯,大家躺在地铺上,谈古论今,发泄对"四人帮"的仇恨,表达对邓小平的支持。一天早晨,从广播里听到周总理逝世的噩耗,大家十分震惊,十分悲痛,许多同学哭了。我们从公社借了一根又大又长的竹竿,竖立在仓库门前,又找了一面五星红旗,降半旗致哀,悼念周总理。师生买了黑纱,给每人做了一个袖套。随后,我们与公社党委商量,给周总理设个灵堂,让师生、干部和附近农民悼念周总理,这时,传来北京不准各单位给周总理设灵堂和举行悼念的通知,大家都不理睬。同学们采了一堆松枝、柏枝,制作了一个大花圈,女同学还剪了白花扎在花圈上。在公社礼堂挂了周总理像,设了灵堂,花圈放在周总理像面前。师生、干部和附近农民戴着黑纱列队向周总理鞠躬,秩序井然,表达我们的哀思。我们认为周总理是为党为国为人民"鞠躬尽瘁,死而后已"。

1976 年春季后,学校里交头接耳传播周总理遗言,还有"反周必乱"、"反周必败"等传说,以批判"四人帮"。我把听到的"总理遗言",跟无锡市一个单位的同志说了。很快,发生了追查遗言的事,无锡那个单位的同志交代说"总理遗言"是我告诉他的。于是就追查到我身上,但我不能说"总理遗言"是谁告诉我的。我很为难。此时,系里同志教我说"总理遗言"是在开会时听人说的,不知道是谁说的。其实追查的人也不认真,大家都尊敬周总理,此事就这么糊过去了。此时,全国各地人民都在以各种方式悼念周总理,反对"四人帮"。

3月5日,《文汇报》在学习雷锋的专栏中,删去了周总理学习雷锋的题词,激起广大师生的愤慨,政治系、中文系和历史系部分同志,联名写信给《文汇报》,责问他们居心何在?人民心中的怒火在燃烧。《文汇报》再次公然向人民挑衅,于1976年3月25日刊登题为《走资派还在走,我们就要同他斗》的通讯中竟说"党内那个走资派要把被打倒的至今不肯改悔的走资派扶上台"。这是公然污蔑周总理。当时谁都明白,这里所指"被打倒的至今不肯改悔的走资派"是指邓小平同志,而"党内那个走资派"则是指向周总理。南京人民心中郁积的怒火终于像火山一样爆发了。

南京大学数学系教师、团总支书记李西宁和计算机专业一年级党支部书记秦峰以及其他几位学生干部,带领全校四百多名师生,高举周恩来总理的巨幅遗像,抬着巨大的花圈,排成数列纵队,绕道新街口、大行宫等闹市区,走向梅园,这里是抗日战争胜利后以周恩来为团长的中共代表团驻地。一路上,交通警为他们开绿灯,车辆为他们让行,无数群众肃立路旁送行。这支大义凛然的队伍,是自觉自愿组织起来的,没有上级的指示和领导;他们爱憎分明,热爱周总理,支持邓小平,反对"四人帮",抵制"反击右倾翻案风";这支队伍是从"文革"的灾难中觉醒的革命队伍,反映了全党全国人民的心声,他们的革命行动首先激发了南大广大师生反对"四人帮"的斗志,也激励了南京人民反对"四人帮"的斗争。

从 3 月 29 日起，南京大学校园里贴满了大字报。数学系学生把 3 月 25 日的《文汇报》贴在校园里，用墨笔把"党内那个走资派要把被打倒的至今不肯改悔的走资派扶上台"这句话勾了出来，并写上"看一看，想一想"六个字。数学系师生还在宣传栏下写了一条大标语："警惕个人野心家、阴谋家篡夺党和国家最高领导权"。一时之间，校园内到处张贴着批判"四人帮"的标语和檄文。

3 月 29 日中午，南京大学十一个系的三四百名学生，分成二十多个小组，奔向南京市大街小巷，到开往浙江、安庆、苏北等地的汽车站，在长途汽车上张贴标语："《文汇报》3·25 文章胆敢反对周总理，罪该万死！""谁反对周总理就打倒谁。"当晚，南京大学秦峰带领一队同学到火车站，在工人帮助下，在南来北往的火车上刷大标语："《文汇报》把矛头指向周总理，罪该万死！""警惕野心家篡夺党和国家最高领导权"等大标语。后来知道，火车开出南京后大标语都被冲刷掉了。于是，同学们又在工人帮助下用油漆刷标语，让南京人民的正义吼声传播全国。

南京人民发动起来了。大专院校的师生、工厂企业的职工、机关事业单位的干部职工、解放军战士，一齐走上大街小巷，张贴标语，发表演说，一致揭露批判"四人帮"反对周总理的罪行，揭露"四人帮"篡夺党和国家最高权力的狼子野心，有同志写了"打倒大野心家、大阴谋家张春桥"的标语。南京爆发了一场反对"四人帮"的革命运动，推动了全国人民反对

"四人帮"的革命斗争，成为北京"四五"革命运动的先导之一。在个人崇拜盛行、全面专政的年代，全国有南京等多个城市爆发反对"四人帮"的革命运动，只能用人心向背来解释。人民是历史的创造者。

中央文革小组下达文件，把南京3·29运动定性为反革命事件，下令进行清查。上面派清查小组进驻南大各个院系，政治系来了个清查小组，姚诚老师被列为清查重点。全系老师、学生都暗中保护姚诚同志，给他通风报信、出谋划策、避开清查。我在图书室的书架间和他谈过两次，在学校旁的小巷子里也谈过，谈如何应付调查小组。其他老师也纷纷出谋划策，以抵制清查。校党委副书记章德的儿子章勇山是邮电学院的学生，曾到政治系的学生中进行串联。清查小组到政治系责问章勇山有没有到政治系串联，我们都说没见过，不知道，清查小组也无可奈何。清查小组问政治系一年级学生有没有参加梅园新村的悼念活动？他们有照片，我们不能否认。我们说那个学生是武汉来的工农兵学员，奴隶家庭出身，热爱党热爱毛主席，他去是出于对周总理的怀念，不可能是反革命。江苏省派了清查小组到南大各个系清查反革命，我们知道他们其实也只是带着命令走个过场，因为他们也是热爱周总理的。

北京人民早就准备在清明节前后纪念周总理了。1976年3月19日，北京朝阳区牛坊小学师生向天安门广场人民英雄纪念碑敬献了第一个花圈，挽联上写着"敬献给敬爱的周总理"。从此北京的工人、大中小学的师生、机关干部、解放军战士、农民、外地人，纷纷向天安门广场送花圈，写着纪念周总理的横匾："敬爱的周总理，我们日夜想念您"。天安门广场上的花圈越来越多，把人民英雄纪念碑四周都围住了。公安民警搬走了，花圈又排满了。天安门广场的人越聚越多，纪念周总理的花圈、悼词以及批判"四人帮"的檄文、诗歌、演说等等，揭发批判"四人帮"的种种篡夺党和国家领导权的罪恶活动，"四人帮"命令他们的部下记下送花圈的单位，追踪、监视演说的人士，以作追查的证据。但是，广场上的群众还是越聚越多。"四人帮"终于凶相毕露了，于 4 月 5 日夜指挥公安民警和民兵，抓捕了一批活跃人士，用武力驱赶人群，人民英雄纪念碑下留下了斑斑血迹。

4 月 7 日晚上，全国各地人民广播电台同时播出中共中央 4 月 7 日作出的两个决议：

中共中央关于华国锋同志任中共中央第一副主席、国务院总理的决议。

中共中央关于撤销邓小平党内外一切职务的决议。这个决议说"中共中央政治局讨论了发生在天安门广场的反革命事件"。

1976 年清明节发生在天安门广场纪念周总理、反对"四人帮"的革命群众运动被定性为"反革命事件"。南京清明节前后发生的纪念周总理、反对"四人帮"的革命运动也被定性为"反革命事件"。全国各地发生的纪念周总理、反对"四人帮"的革命运动都被定性为"反革命事件"!毛主席把广大人民悼念周总理的活动定性为"反革命事件"!难以置信啊!

从 1966 年到 1976 年,10 年间,中国的政治局面发生了180 度的大转变。1966 年,毛主席站在天安门城楼上,接见百万红卫兵,面带微笑,频频招手;红卫兵挥舞毛主席语录,高呼毛主席万岁、万岁、万万岁!毛主席和红卫兵何等亲密,毛主席何等慈祥!红卫兵对毛主席无限敬仰,无限热爱,无限忠诚!10 年之间,究竟发生了什么,使得局面如此变化?毛主席仍在领导"文化大革命"没有变。变了的是人民群众,包括当年的红卫兵,他们在 10 年中看清了不少事、不少人,似乎也看到了"文革"的真面目,更看清了江青之流的本质。人民群众开始独立思考了,觉醒了。是谁使人民觉醒的,是林彪反革命集团、江青反革命集团,是"文化大革命"!

7 月 6 日,中央电台广播,全国人大朱德委员长逝世。

随后发生唐山大地震,几十万人遇难,人祸加天灾。

1976 年 9 月 9 日,伟大领袖毛主席逝世。我们都哭了。毛泽东是我们党的主席,以毛泽东为首的中国共产党领导全国人民进行反帝反封建的新民主主义革命,历尽千难万险,开辟了农村包围城市最后夺取城市的武装革命道路,致力于把马克思主义普遍真理与中国革命实践结合,创立了毛泽东思想,推翻了帝国主义和地主买办资产阶级的统治,获得了民族独立和人民解放,建立了中华人民共和国,开辟了中国历史的新纪元,中国人民从此站起来了;新中国成立后,毛主席又领导全国人民完成了土地改革等民主革命任务,恢复国民经济,进而领导了社会主义革命和社会主义建设,建立了社会主义制度,取得了社会主义建设的重大成就。毛主席的丰功伟绩是万古长青的,永不磨灭的。我是个贫苦农民的儿子,是在中国共产党的培养下、毛泽东思想的教育下成长的,对党和毛主席具有刻骨铭心之爱。突然听到毛主席去世了,眼泪就流下来了。

毛主席逝世后,我研究了"文革"问题,思考了毛主席关于"走资派"和"资产阶级在党内"的论述;并阅读了马克思的《法兰西内战》和恩格斯晚年论述巴黎公社的文章,以研究巴黎公社的经验,还联系了苏联产生特权阶层和对斯大林个人崇拜的历史事实。我得出了两个初步结论:第一,社会主义革命胜利后,无产阶级政权内、无产阶级政党内,也会产生官僚主义、特殊化,由人民公仆蜕变为人民的主人,并产生特权阶层,产生个人崇拜,把无产阶级领袖塑造成救世主、神仙,这在苏联已是事实。因此,无产阶级专政建立后,确实存在一个执政党的建设和政权建设问题,一个防止蜕化变质的问题。这是必须认真研究、着力解决的问题。"巴黎公社"的经验有两条:一条是公社委员拿熟练工人的工资;另一条是民主,公社委员由工人民主选举产生,并可由选民罢免。所以,巴黎公社是第一个工人阶级的政权。当然还不够,还要创造新经验。第二,新中国成立后,党内、政府内也产生了官僚主义、特殊化,产生了蜕化变质分子,如刘青山、张子善等贪污犯;产生了个人崇拜,产生了林彪这样的野心家、阴谋家。因此,中国共产党需要开展整风运动,进行反腐肃贪斗争,但是,党内并不存在"走资派",更不存在"党内资产阶级"和"资产阶级司令部","文化大革命"的指导思想是主观主义的,严重脱离中国实际,"文化大革命"搞错了。

毛主席去世了,"四人帮"加快了篡党夺权的步伐。报纸、电台天天宣传"按既定方针办"。"四人帮"四处活动,江青一会儿到小靳庄,一会儿到大寨,鼓吹"批邓、反击右倾翻案风",加紧了篡夺党和国家最高权力的步伐。全国人民愈加痛恨"四人帮"。

1976 年 10 月 6 日,党中央一举逮捕了王洪文、张春桥、江青、姚文元"四人帮"。喜讯传出,举国欢腾。人民群众感到又一次解放了。南京大学师生自发聚集到大操场列队上街游行,庆祝粉碎"四人帮"的伟大胜利。许多人上街买"三公一母"四只螃蟹和一瓶酒,欢庆逮捕"四人帮"。

1976 年 10 月 7 日,中国共产党中央政治局作出决议,由华国锋担任中国共产党中央委员会主席、中央军事委员会主席,决定将来提请中央全会追认,并继续担任国务院总理。华国锋一人担任党中央主席、国务院总理、中央军委主席,在中华人民共和国历史上仅此一人。

人民群众欢庆粉碎"四人帮"的同时,强烈要求为邓小平平反,恢复邓小平的领导职务,为"四五"运动平反,肯定它是纪念周总理、反对"四人帮"的革命群众运动。南京人民要求为清明节纪念周总理、反对"四人帮"的事件正名,否定它是"反革命事件",而肯定它是革命的群众运动。

第三章 ·····································

撰写《实践是检验
真理的标准》

一

　　粉碎"四人帮"后,我认为中国面临历史变革的重大机遇,要改弦易辙,即改变"以阶级斗争为纲"这根弦,变更"无产阶级与资产阶级、社会主义与资本主义两个阶级两条道路斗争"这个辙。要开创社会主义现代化建设的新道路。我们应该努力奋斗,为推动历史的转折尽自己的努力。因此,我自觉参加了揭批"四人帮"的斗争。

　　揭批"四人帮",我能做的是从政治思想、理论方面批判"四人帮"的谬论,揭露他们歪曲、篡改、伪造马列主义、毛泽东思想的谬论,正本清源,恢复马克思主义的本来面目。

　　我在南京大学第一次揭批"四人帮"的大会上第一个发言,《人民日报》曾作了800字的报道。我又在江苏省委在五台山体育馆召开的第一次揭批"四人帮"的万人大会上第一个发言,《新华日报》作了报道。随后,我连续写文章批判"四人帮"。明眼人看出,批判"四人帮"其实就是批判"文革"。

　　当时,《南京大学学报》哲学社会科学版每季度出一期,从1976年第四期起,在一年多内,我连续发表了四篇文章,批判"四人帮"的谬论。第一篇,《评张春桥〈论对资产阶级的全

面专政〉》(《南京大学学报》1976年第四期);第二篇,《为建设
现代化的社会主义强国而奋斗》(《南京大学学报》1977年第
一期);第三篇,《必须坚持马克思主义的学风》,此文是陆夕
书同志与我合作撰写的(《南京大学学报》1977年第四期);第
四篇,《"四人帮"批判唯生产力论就是反对历史唯物论》(《南
京大学学报》1978年第一期)。这篇文章曾在《人民日报》
1978年3月18日摘要转载,约3000字。当时,《南京大学学
报》社会科学版的负责人是蒋广学同志,他是政治系首届毕
业生,我们是老朋友,对我帮助很大。

批判张春桥的文章发表后,《人民日报》发表了中宣部副
部长王惠德批判张春桥的文章。上面来了指示说张春桥、姚
文元的文章不能批评,因为这是毛主席看过的。但是我们不
理它。我的第二篇文章就是针对"以阶级斗争为纲",指出我
们现在的任务是社会主义现代化,以周总理提出的"四化"为
目标。第三篇文章的态度是明确的:马克思主义的学风是理
论联系实际,实事求是。当时四人帮批判"黑四论":阶级斗
争熄灭论,人性论,唯心论,唯生产力论。马克思说过,物质
资料的生产是人类社会存在和发展的基础,生产力决定生产
关系,生产关系反作用于生产力,经济基础决定上层建筑,上
层建筑反作用于经济基础。"唯"不能解释成"唯一",而应该
是"第一"。谁反对唯生产力论就是反对历史唯物主义。

在揭批"四人帮"的过程中,我发现这个任务万分艰巨。
"四人帮"的罪恶活动是在"文化大革命"中干的,他们是"文

化大革命"的先锋,是"文革"的前线指挥;他们的罪恶活动深入政治、经济、军事、教育、科技、文化、社会等各个领域,因此,孤立批判"四人帮",而不联系"文化大革命",是不可能彻底批判"四人帮"的,要一个一个问题批判"四人帮"也是困难的,必须抓住一个根本问题,揭批"四人帮",必须抓住一个总开关,以彻底批判"四人帮"和"文化大革命"。这个根本问题是什么呢?这个总开关在哪里?我努力去寻找。特别是全国人民强烈要求为邓小平同志平反,恢复邓小平同志的领导职务;强烈要求为"四五运动"平反,肯定它是伟大的革命运动,但是当时的中央主要领导人却置之不理,这究竟是为了什么?阻力在哪里?必须找到阻力,破除阻力。

1977年2月7日,《人民日报》、《解放军报》、《红旗》杂志联合发表了一篇社论:《学好文件抓住纲》。从读大学起,我就重视读报,特别是阅读《人民日报》社论,因为《人民日报》是党中央的喉舌,社论更是传达党中央主要领导人的指示的。两报一刊都是权威报刊。所以,我立即认真阅读《学好文件抓住纲》这篇社论,我发现社论中的两句话:"凡是毛主席作出的决策,我们都坚决维护;凡是毛主席的指示,我们都始终不渝地遵循",这两句话对仗工整,显然是经过琢磨的。我认为,这两句话就是这篇社论的主题,就是当时党中央主要领导人的指导思想。后来简称为"两个凡是"。我仔细琢磨这两句话的含义,按照"两个凡是",毛主席亲自发动和领导的"文化大革命"是不能怀疑、不能否定的,必须永远肯定、保护，毛主席关于无产阶级专政下继续革命的理论、以阶级斗争为纲的路线和方针政策，必须永远坚持，毛主席的"炮打司令部"的大字报，毛主席对于刘少奇、彭德怀的批判、决定都是正确的，永远不能改变，毛主席提出的"反击右倾翻案风"的决定，是不能改变的，把"四五"运动定性为"反革命事件"和撤销邓小平同志一切职务的决定，必须永远坚持，不许改变；毛主席关于开展反右派运动和总路线、"大跃进"、人民公社化运动的决策、指示，都必须永远维护。由"两个凡是"，我才理解粉碎"四人帮"后，全国人民强烈要求为邓小平同志平反、恢复邓小平同志的领导职务和为"四五"运动平反，当时中央的主要领导人却置之不理的原因。我开始认识到，"两个凡是"是平反冤假错案的主要障碍，是否定无产阶级专政下继续革命理论和以阶级斗争为纲的主要障碍，是重新认识、评价"文化大革命"的主要障碍，更是改弦易辙、开辟社会主义现代化建设新道路的主要障碍。我在寻找的阻挠我国发展的根本问题、阻挠拨乱反正的根本问题就在这里，批判、否定"两个凡是"，恢复实践第一、一切从实际出发、实事求是的观点，就是总开关。想清这一点，我很兴奋。

我要批判"两个凡是"。可是，"两个凡是"是打着拥护毛主席、高举毛泽东思想伟大旗帜的面目出现的。"两个凡是"是两报一刊社论的基本观点，体现了当时党中央主要领导人的指导思想。因此，批判"两个凡是"就会被人扣上反对毛主席、毛泽东思想，反对党中央两项弥天大罪，立即家破人亡。

我已经在"文革"初期当了一次"反革命",吃尽了苦头,那时,我用觉悟低、受蒙蔽、上当受骗、执行资产阶级反动路线来搪塞,而且"执行资产阶级反动路线"的人多得很,职位也高得很。而这次批判"两个凡是",是我自觉地做的。因此,心里很矛盾。现实是,我国正处在两条道路、两种命运斗争的十字路口,面临向何处去的问题。坚持"两个凡是",继续坚持"文革"的理论路线,我们将坠入苦难的深渊,甚至亡国灭种;批判"两个凡是",否定"文革",建设社会主义现代化,实现中华民族的伟大复兴。努力批判"两个凡是",还是旁观?反复思考了几天,终于下决心批判"两个凡是"。古人说:"天下兴亡,匹夫有责"。"文革"祸国殃民,给我国人民制造了一场史无前例的灾难,国家贫穷落后,人民温饱不足,冤假错案千千万万,各项事业遭受严重破坏,如果继续推行"文革"的路线政策,不能改弦易辙,中华民族就要掉入万丈深渊、亡国灭种。因此,必须批判"两个凡是",平反一切冤假错案,全面否定"文革"。而且,我相信人民已经觉醒了,南京清明节前后的革命运动、"四五"革命运动,都是证明。我也深信,邓小平一定会重新主持中央工作。因而,我决心批判"两个凡是"。但是,为了防止遭受打击,我决定单独撰写批判"两个凡是"的文章,不跟同志们商量,免得遭受批斗时株连同志们。俗话说:"一人做事一人当"。传统上也有"文责自负"的规矩。人生难得几回搏!要进地狱,我一个人去。

如何批判"两个凡是",颇费心思。"两个凡是"是唯心论,形而上学,是唯心史观,这是明白的。但是,总不能写一本马克思主义认识论著作去批判它吧,马克思主义认识论著作已经很多了。必须写一篇文章,全面地、集中地揭露"两个凡是"的唯心论、形而上学本质。那么文章怎么写呢?文章的题目是什么呢?主题是什么呢?文章怎么构思呢?

我认真研究了"两个凡是"的特征,研究提出"两个凡是"的根据。根据马克思主义认识论,社会实践是认识的基础。人们把由实践中获得的丰富的感性认识经过大脑的思索加工以后,上升为理性认识;理性认识是否正确还是不知道的,所以人们必须运用理性认识指导实践,检验理性认识是否正确;理性认识经过社会实践检验达到预期的目的,就证明这个理性认识是符合实际的,正确的,是真理;如果这个理性认识经过社会实践反复检验,不符合实际,是错误的,就不是真理,就必须在反复的社会实践基础上补充感性认识,反复用脑加工、反复在社会实践中检验,以达到正确的认识,成为真理。追求真理的过程是实践—理论—实践的统一过程。客观事物发展变化了,社会实践发展了,人类原有的认识也要发展。实践、理论、实践……无穷地交互推动,就是真理的发展过程。运用马克思主义认识论研究,"两个凡是"的错误在哪里呢?"两个凡是"没有讲毛主席的理论、观点、决策、指示是根据什么作出的,是从什么地方来的?因此,这点我们可以不论。"两个凡是"明确说,凡是毛主席的决策都要坚决维护,凡是毛主席的指示都要始终不渝地遵循,永远不能改变。问题就在这里。"两个凡是"认定毛主席的决策、指示,以及理论、路线、方针、政策,都是正确的,是不需要通过社会实践的检验证明的,而且客观事物变化了,社会实践发展了,仍然是正确的,不能改变的。"两个凡是"否定真理的实践标准,这就是"两个凡是"的唯心主义的先验论和形而上学,"两个凡是"完全是林彪的天才论、顶峰论、"句句是真理"的翻版。

找到了"两个凡是"否定真理的实践标准这个根本错误后,我就把"实践是检验真理的标准"作为题目,把"只有实践才是检验真理的标准"作为基本论点,与"两个凡是"针锋相对,揭发批判"两个凡是"的唯心论先验论和形而上学本质。在主题确定后,我就组织《实践是检验真理的标准》一文的内容。文章的第一部分是"只有实践才是检验真理的标准",用党史、社会发展史和科学发展史论证"只有实践才是检验真理的标准"。这一部分是阐明实践标准的普遍性,同时又写了一段理论指导实践的文字,避免产生文章轻视理论指导实践的误解。但是,我觉得,"只有实践才是检验真理的标准"这个基本观点是不够的,还不能击中"两个凡是"的要害,或者说批判"两个凡是"的针对性还不强,还不够具体、有力。因为有人会说,对于检验广大干部人民群众的认识是否正确而言,运用实践标准是必要的,但是,对于马克思、恩格斯、列宁、毛泽东等马克思主义的导师、领袖而言,未必需要通过实践检验他们的理论,以证明是否是真理。林彪仅仅说毛主席是"天才"，毛主席的话"句句是真理"，毛泽东思想是马克思主义的顶峰。林彪并没有说，毛主席以外的党的领导人都是天才、"句句是真理"。"两个凡是"也只是说对毛主席的决策要坚决维护，对毛主席的指示要始终不渝地遵循。因此，对于马克思、恩格斯、列宁、毛泽东等马克思主义的导师提出的理论、路线、政策来说，是不是同样必须通过社会实践的检验，才能区分正确或错误，这个问题必须回答。怎么回答？在当时的政治环境下，由我们这些书生来谈马克思、恩格斯、列宁的理论、路线、决策、指示同样必须通过社会实践的检验才能区别正确与错误，才能证明真理，否定错误，恐怕还不适合、不允许。我冥思苦想，终于想出一个办法：让马克思、恩格斯、列宁、毛主席自己说话，讲他们自觉运用实践标准来检验自己的理论，以证明真理、修正错误、发展真理的历史事实来说话。我曾经学习过多本马克思列宁主义的原著，也思考过马克思列宁主义创立、发展的历史。因此，要找马克思、恩格斯、列宁运用实践检验自己理论的事例很多。我选择了《共产党宣言》这本马克思主义的代表作作为实例。《共产党宣言》是马克思、恩格斯于 1848 年合著的。后来《共产党宣言》以多种文字出版，马克思、恩格斯写了七篇再版序言。在这些序言里，他们总是以欧洲无产阶级革命运动的实践检验《共产党宣言》的理论思想，在肯定《共产党宣言》的理论基本上是正确的前提下，也指出某些观点过时了。有些措施因客观情况发生巨大变化，也需要重新研究，并着重指出巴黎公社的经验证明,《共产党宣言》的一个重要观点已经不适用了,需要修改。后来,列宁在《国家与革命》中肯定了这个修改。可见,马克思、恩格斯、列宁并不认为他们的理论、观点、决策、指示在提出时就是正确的,决非句句是真理,更不是必须永远维护、永远遵循的。他们认为,自己的理论、观点、决策等,必须不断经受实践的检验,以证实真理、发现错误,或者落后于客观实际的发展变化,他们始终坚持理论与实践的统一,他们是自觉运用实践标准检验自己理论的模范。我认为,这是直接针对"两个凡是"的。前两部分批判"两个凡是"脱离实践标准谈真理,下面就要明确批判"两个凡是"的唯心主义先验论本质了。但是,"两个凡是"是两报一刊社论的主题思想,反映当时党中央主要领导人的指导思想,怎么能公开点名批判它呢?真的很伤脑筋。反复研究,我突然想到一个办法:找个替身。电影里有些角色有替身,我也给"两个凡是"找个替身,这个替身就是林彪的天才论、顶峰论、"句句是真理"一套谬论。严格说,天才论、顶峰论、"句句是真理"还是"两个凡是"的祖师爷,"两个凡是"还是天才论、顶峰论、"句句是真理"的翻版,只是名称不同而已。公开点名批判"两个凡是"不行,写了文章也没哪家报刊能发表。但是,批判天才论、顶峰论、"句句是真理"却无人能阻止、反对。林彪已是死老虎了。至此,文章的结构就形成了。题目:实践是检验真理的标准。主题:以实践标准批判"两个凡是"的唯心论先验论和形而上学。第一部分:只有实践才是检验真理的标准,政治、经济、军事、科技、社会生活一切领域的理论、学说是否正确,党的理论、路线、政策是否正确,都必须经过社会实践的检验,以判明是否正确,是否是真理,没有例外。理论对实践具有巨大指导作用。第二部分:马克思主义导师是自觉运用实践标准检验自己理论的模范。第三部分:以天才论、"句句是真理"作为"两个凡是"的替身,揭露其唯心论、形而上学的本质。我是一边讲课,一边完成教学行政工作,一边搞科研,所以很忙,拖的时间也长。到 1977 年 7 月初,才把文章的主题、结构确定下来。这时我妻子张丽华体检中查出肚内有瘤,立时把全家急坏了,我放下一切工作,为妻子住院治病奔走。在党总支书记和校办主任的帮助下,我妻子张丽华住进了江苏省人民医院,并很快动手术。幸好是个良性瘤,全家松了口气。接下来是陪护和增加营养的问题。在小学读书的女儿、儿子天天下午到医院看望妈妈,两里多路自己跑。我上午到学校讲课,或到长江边找渔民购买黑鱼、鲫鱼,下午送煮好的鱼汤到医院,那时已是夏天,高温酷暑,要买西瓜很难,我找了在人民商场工作的学生开后门,才买了五个西瓜,乘公交车背到医院,先切一个给全室的女病人一起品尝。晚上,我在医院陪护,一间病室,四个女病人,我只能在走廊里坐着。于是,我把《马克思恩格斯选集》、《列宁选集》和《毛泽东选集》陆续拿到医院,在走廊灯光下翻阅,寻找有关实践标准的论述,然后用小纸条夹起来,共找了近 20 条语录。累了,就用几张凳子并起来,睡一会。随后,又伏在凳子上草拟详细提纲。过了一星期,妻子出院了,学校也放暑假了。于是,我就写作《实践是检验真理的标准》。写成后就改,改了又抄。前后修改了三次。当时,没有电脑,也没有打字机,全靠手写。七八千字,修改一次,够费劲的。反正我是白天黑夜地干,在写作这篇文章的过程中,中国共产党第十一次全国代表大会召开了。我认真阅读了党中央主席在十一大上的政治报告,想对对口径。我发现党的十一大政治报告,仍然坚持无产阶级专政下继续革命的理论,坚持以阶级斗争为纲的路线,强调"文化大革命"七八年再来一次。一句话,坚持"两个凡是",没有什么新意。因此,我写作《实践是检验真理的标准》,批判"两个凡是"的态度就更坚定了,而且认为要快,冤假错案必须尽早平反,拨乱反正必须尽快推进,再拖下去,人民受不了啦,国家受不了啦。

手稿

在《实践是检验真理的标准》这篇文章内,我用了不少语录,多运用语录是不良的学风,但是政治上保险,也是当时的风气,我有心打一场语录战。这篇文章中不仅引用马列经典著作中关于实践标准的理论,引用党史上的实例以阐述实践标准,还引用了多个自然科学史上的实例来论证实践标准。因为自然科学史上的实例更准确,无可争议,也广为人知。特别是,更能得到科学技术界、教育界和文化界人士的认同。什么是从政治上看问题,什么是从科技上看问题?当时,以实践标准批判"两个凡是"是最大的、最现实的政治,运用科学技术史的实例论证实践标准、批判"两个凡是"就是政治。这是让科技为政治服务的最佳途径。当时,我以为从各个方面论述实践标准、批判"两个凡是"的文章、观点、言论都是政治,否则广大干部、知识分子、工人、农民怎么参加真理标准大讨论,怎么解放思想、实事求是,全面推动拨乱反正,参加改革开放?从政治上看问题,当然要谈政治思想问题,但不能仅仅谈论政治思想问题。人民群众的事都是政治问题。领导的指示是政治,人民群众的看法要求更是政治。我以为,中国的理论工作者当然应当听取领导的指示,也应当听取人民的呼声、意见,而且更应该重视人民群众的呼声、意见,因为领导的指示也大多是从人民群众中来的。再说,在《实践是检验真理的标准》中谈论政治思想,也是围绕实践标准的,并不是外加的。

二

1977 年 8 月下旬,《实践是检验真理的标准》写成了,约八千字,稿子寄到哪里去呢?《人民日报》是党中央机关报,不敢寄去。我想到了《光明日报》记者王强华同志。该年 5 月,江苏理论界在省委党校(当时在南农大)开了一个理论讨论会。在会上,我发言说,"唯生产力论"是马克思主义的根本观点,不是什么第二国际的修正主义观点。因为,物质生产是人类生存发展的基础,生产力发展是历史发展的根本动力。生产力决定生产关系,生产关系反作用于生产力,经济基础决定上层建筑,上层建筑反作用于经济基础,社会存在决定社会意识,社会意识反作用于社会存在,这是历史唯物论的基本原理。"唯生产力论"的"唯"仅是第一位的意思、本源的意思,犹如"唯物论"的"唯"仅是第一位的意思、本源的意思一样,不是仅有生产力、仅有物质的意思。因此,批判"唯生产力论"就是反对历史唯物论。随后,有同志发言,批评我为修正主义的唯生产力论翻案。我又发言进行反驳。休会时,有个同志给我介绍了王强华同志。王强华同志对我说:北京有同志持有与你相似的观点,并说:"你给我们报纸写稿吧。"这就是约稿,并没有出题目。我在写出《实践是检验真理的标准》后,就想到了王强华同志,于是在 1977 年 9 月初,我把《实践是检验真理的标准》寄给《光明日报》哲学组王强华同志,同时寄去的还有一篇批判江青想当女皇的文章。因为开学了,要搞教学工作了。

文章寄出去后,好久没有来信。1978年1月下旬,《光明日报》终于来信了,寄来了《实践是检验真理的标准》的大样两份,大样注明"一九七八年一月十四日"。还有王强华给我的一封信。信上说:他最近出去了,不在北京,回来后看到我的稿子,批判江青的那篇稿子不用了;《实践是检验真理的标准》要说什么,我们知道,要用,请你作些修改,"不要使人产生马列主义过时论的感觉"。这是要求理论上更完整、严谨,不要让人抓住把柄,我仔细推敲后,觉得不会使人产生马列主义过时论的感觉,但我还是尽可能地强调理论对实践的指导作用。因为我的信件都是送到政治系办公室后才收到的。因此,《实践是检验真理的标准》这份大样,也是大家知道的。我记得,哲学教研室的老师开会时,我曾拿出来给大家看,请大家提意见。记得孙伯鍨、林仁栋、李华钰、舒海清、郁慕镛、倪君岵、李玉屏等老师,总支书记葛林、办公室主任潘洁等在场。大家都同意文章的观点。

那时向北京寄稿件都靠邮局,没有传真机。《实践是检验真理的标准》,我在南京大学就修改过多次,文章大样就靠邮局在北京和南京之间传递。这从保存的文章大样上可以看出,因为每份大样上都有日期可查。要说明的是,后来王强华同志来信对文章修改提出了新的要求:更贴近现实,更有战斗力。显然,由要求稳妥转向激进了。

1978年4月下旬,中国科学院哲学研究所召开全国第一次哲学研讨会,给南大政治系发了通知。李华钰、马淑鸾和我三个人去参加会议,地点在中共北京朝阳区委党校。朝阳区委党校全是平房,我与华南师范大学的黎克明、上海社会科学院的周抗、山东曲阜师院的张明三位同志同住一个房间。哲学研究所的孙耕夫、邢贲思、李今山、陈中立等多位同志领导会议和负责会务工作。会议划分几个小组,主要是分组讨论,最后是大会交流。我是一个小组组长,讨论热烈。我的基本观点是:社会主义社会生产关系与生产力的矛盾、上层建筑与经济基础的矛盾不再集中表现为阶级矛盾,因为社会主义改造胜利后,私有制已经消灭了,在社会主义社会,只有阶级的残余了,阶级矛盾已不是主要矛盾。我的真实思想是不能再搞以阶级斗争为纲,但是当时还不能这么明说。另一种观点是:社会主义社会的基本矛盾仍然集中表现为阶级矛盾。这个观点实际上是为"以阶级斗争为纲"论证经济政治基础。两种观点争论得很热烈,最后,在全体会议上,双方发言交流。我代表第一种观点做了发言。后来,两种观点都整理成文章,发表在《哲学研究》1978年第六期,我的文章是《社会主义社会的基本矛盾并不集中体现为阶级矛盾》。

在我到北京的第二天晚上,王强华同志就接我到光明日报社,见到了总编辑杨西光同志,理论部主任马沛文同志,还有孙长江老师,我在人民大学研究班读书时,孙老师给我们讲《周易》。我与他多年未见,见面后当然很高兴。

杨西光同志先是介绍了我和孙长江同志,并拿着《实践是检验真理的标准》的大样说:今天请各位来,是讨论这篇文章的。这篇文章原本要在 4 月 2 日的哲学副刊发表了,我看后,觉得这篇文章很重要,放在哲学副刊发表可惜了,要作为重要文章,放在第一版发表,但是要修改,要加强针对性、战斗性,要写得更严谨,不能让人抓小辫子。今天,请大家来就是听取大家意见的,听说党校也在写同一题目的文章,所以把孙长江同志请来一起讨论。

于是大家纷纷提意见。我记得马沛文同志的意见最激烈,他说,要公开点名批判"两个凡是"。我感到惊讶,立即说:恐怕不行,还是点名批判"天才论"稳妥。大家提了很多意见,杨西光同志最后讲了修改意见,我归纳起来是两点:第一点,要增强针对性、现实性,提高战斗力;第二点,要仔细推敲,更严谨,防止授人以柄。他指着我和孙老师说,你们两个人的文章改好了,都发表。

从此,我白天参加会议,晚上修改《实践是检验真理的标准》,第二天一早,《光明日报》的驾驶员就把我修改的大样拿去,傍晚又把重新排版后的大样送给我。如此又修改了几次。我每天晚上修改稿子,李华钰、马淑鸾两位同志是看到的,黎克明、周抗、张明同志也是看到的,哲学研究所的几位同志也是知道的。一天晚上,黎克明同志在看望了中央机关的老朋友后,严肃地对我说:"老胡,你已卷入了高层内部的斗争,风险很大。你可知道?"我说:"知道,你是同意我的观点的,我去坐牢,你要给我送饭啊!"他笑着说:"我支持你,你坐牢,我去给你送饭。"几天的会议结束了。会议闭幕时,周扬同志作了总结,他肯定了讨论会,鼓励大家从事科研,并且提出了"科学无禁区"的论断。于是,我在文章的最后一部分,把"科学无禁区"这个论断加进去了,并说,有禁区的地方,就没有科学,就没有真理,只有迷信、盲从。

哲学讨论会结束后,李华钰老师回南京了,她要讲课。马淑鸾老师去亲戚家了。我搬到《光明日报》招待所,继续修改文章。杨西光总编到《光明日报》不久,与夫人一起也住在招待所。这期间,杨西光同志几次来看我,了解我修改文章的情况,也跟我聊天,了解我的经历。他对我说,"文革"前,他是复旦大学的党委书记,"文革"中挨批斗,粉碎"四人帮"后,到中央党校学习。学习结束时,胡耀邦同志找他谈话,要他到《光明日报》工作,并告诉他北京四大报刊,《人民日报》、《解放军报》是积极推动拨乱反正的,《红旗》杂志、《光明日报》是执行"两个凡是"的,耀邦同志派他到《光明日报》工作,是要他改变《光明日报》的面貌,把二比二变成三比一。杨西光同志说:"怎么改变面貌?就从发表这篇文章开始。"他指着桌上《实践是检验真理的标准》的大样说。这几天,杨西光同志确实十分重视这篇文章的修改。

将近五一节了,杨西光同志又来看我。他说:"小胡,文章改得差不多了,五一节快到了,你要回去了。这篇文章要请中央党校的同志帮助修改,最后要请胡耀邦同志审定。

中央党校有个理论研究室,出版一份内部刊物《理论动态》,这篇文章先在《理论动态》发表,然后在《光明日报》公开发表。《理论动态》是每月逢五、逢十出版,《光明日报》第二天公开发表,如果《理论动态》在 5 日出版,《光明日报》就在 6 日公开发表,《理论动态》在 10 日发表,《光明日报》就在 11 日公开发表。"他说:"小胡,要跟你商量一个事,现在的大样上,都署你的名字,文章公开发表时,不署你的名字,用'本报特约评论员'的名义发表。我们没有约你写这篇文章,是你自己投稿的。我现在就聘请你为《光明日报》特约评论员,你就是《光明日报》的特约评论员,你看怎么样?"我当即回答说:"很好,只要文章发表了,能起更大的作用,目的就达到了。"杨西光同志很高兴。他随后还告诉我,已经商量过了,《光明日报》公开发表《实践是检验真理的标准》后,新华社当天发通稿,《人民日报》、《解放军报》第二天转载,至此,我发现,《实践是检验真理的标准》这篇文章,已由我的个人行为,发展为全国主要新闻单位和中央党校的联合行动了,是要向"两个凡是"发起全面进攻了。后来我知道,《学好文件抓住纲》这篇社论,并不是两报一刊编辑部的同志写的,而是中央机关的同志根据领导人讲话的精神写好后,交给两报一刊以社论的名义发表。据我所知,《人民日报》、《解放军报》的同志是坚决抵制"两个凡是"的。我在北京参加全国哲学讨论会时,曾到《人民日报》理论部看望南大政治系的毕业生崔文玉、谷嘉旺,顺便听听他们的意见,在那里见到了理论部主任何匡、副主任汪子嵩,我给他们看了《实践是检验真理的标准》的大样,他们都说好,何匡同志还说:"《光明日报》不发表,我们发表。"我说:"《光明日报》要发表。"何、汪两同志是观点鲜明、态度坦诚的人。在此期间,我还去协和医院看望了周林同志,去积水潭医院看望了郭影秋同志,他们二位都曾担任南京大学的校长兼党委书记。一是慰问,二是听取他们对《实践是检验真理的标准》一文的意见,他们都说好。我的底气更足了。

五一节前,我回到南京,接着是给学生补课。一天早晨,我和张丽华在厨房里烧早饭,听到中央电台广播《光明日报》发表《实践是检验真理的唯一标准》,很高兴,文章从酝酿到发表已经一年多了。随后,我又认真读了《实践是检验真理的唯一标准》。我的结论是两点:一,文章的基本论点没有变,仍然是:只有实践才是检验真理的标准,马克思主义导师是自觉运用实践标准检验自己理论的模范,"天才论"、"顶峰论"、"句句是真理"是唯心论形而上学。以实践标准批判"两个凡是"的主题没有变。二,《光明日报》的杨西光、马沛文、王强华同志等和中央党校的孙长江老师等对文章修改得好。他们把第一部分中关于理论指导实践这一段扩大为第二部分"理论与实践的统一是马克思主义的基本原则";在马克思主义导师是自觉运用实践标准检验自己理论的模范这部分,加上了毛主席修改自己观点的一个例子;《光明日报》编者和孙老师对文章的内容作了发挥,更贴近实际。总之,中央党校同志和《光明日报》同志的修改,都提高了文章的水平,增强了战斗力。

因此,我的《实践是检验真理的标准》是《光明日报》5月11日公开发表的《实践是检验真理的唯一标准》的基础,而在修改过程中又融入了集体智慧。至于标题上加的"唯一"二字,是何人所加,长期说不清,现在查了原件,弄明是杨西光、马沛文、王强华三人改稿时所加。不过原稿中的"只有实践才是检验真理的标准"已包含"唯一"的内容。文章发表后不久,《光明日报》总编室给我寄来10份5月11日的《光明日报》和70元稿费。

后来,我看到了刊载《实践是检验真理的唯一标准》的《理论动态》第60期的两个版本,第一个版本后面注明:"《光明日报》供稿,作者胡福明,本刊作了些修改。"后一个版本就没有作者胡福明了。这两个版本都存在着,分布于全国各地。《理论动态》的同志,变化真快,计谋深远啊! 有一点肯定的是,胡耀邦同志亲自审定和安排了《实践是检验真理的唯一标准》的出版。当时,他直接领导《理论动态》,他尊重杨西光的要求,尊重事实。因为杨西光明确要求,《理论动态》发表《实践是检验真理的唯一标准》时必须注明"《光明日报》供稿,作者胡福明"。很快,胡耀邦同志就专任中央组织部部长,《理论动态》第60期也就改版了。但是,历史事实不是用再版《理论动态》可以改变的,再版《理论动态》60期只能毁坏《理论动态》,说明它的编者反复无常,它

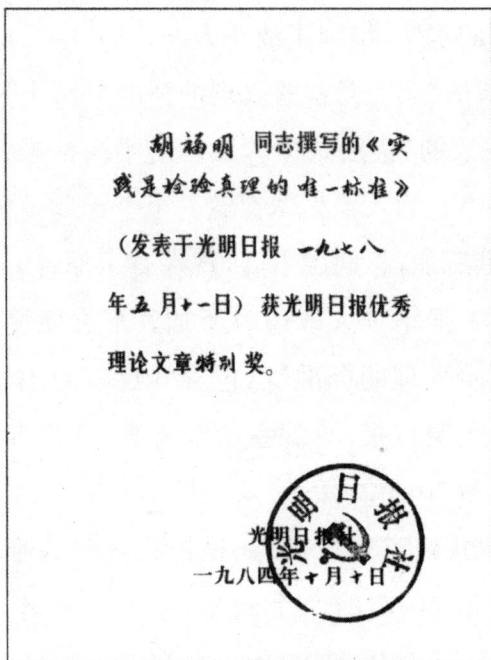

胡福明 同志撰写的《实践是检验真理的唯一标准》（发表于光明日报 一九七八年五月十一日）获光明日报优秀理论文章特别奖。

光明日报社
一九八四年十月十日

获光明日报优秀理论文章特别奖证书

所宣传的实践是检验真理的唯一标准连自己也不相信。

文章刚发表几天，北京就传来消息，中央有人指责《实践是检验真理的唯一标准》"理论上是荒谬的"，"政治上很坏很坏"，"是砍旗的"。"砍旗的"是指砍毛泽东思想伟大旗帜。要来的终于来了，不出我之所料，只是来得如此之快，出乎意料。我在准备写文章批判"两个凡是"时，就估计到可能给我两大罪名，一是指责我反对毛泽东思想伟大旗帜，一是指责我反对党中央。因为两报一刊社论提出的"两个凡是"正是当时党中央主席华国锋的指导思想，这从 1977

年 3 月他在中央工作会议上的讲话就可以看出；"两个凡是"的方针，就是维护毛主席发动的"文化大革命"及其理论、路线、政策，华国锋在党的十一大的政治报告讲得很明白。因此，批判"两个凡是"，否定唯心论、形而上学，重新确立实践第一、实事求是的思想路线，就是为了重新认识"文化大革命"，否定"文革"及其理论、路线、政策，全面拨乱反正，开辟社会主义现代化建设的新道路。我自己知道，批判"两个凡是"，就是批评当时党中央的主要领导人，进而批判"文化大革命"。但是，他们给《实践是检验真理的唯一标准》扣上"砍旗"的罪名是完全错误的。第一，实践是检验真理的唯一标准，是马克思列宁主义、毛泽东思想的基本观点，是马克思主义的常识；第二，马克思、恩格斯、列宁、毛泽东的理论，经过实践证明是正确的，就可以教育广大干部、群众接受他们的理论，自觉地运用他们的理论；如果实践证明他们的某些理论观点不正确，则可以及时修正，避免损失；如果实践证明他们的某些观点已落后于社会实践的发展，则可以在实践的基础上发展。可见，坚持实践是检验真理的唯一标准，才能坚持和发展马列主义，才能高举毛泽东思想的伟大旗帜。所以，马克思、恩格斯、列宁、毛泽东都自觉运用实践标准检验自己的理论。奉行"两个凡是"，维护"文革"及其理论、路线、政策，只能丑化毛泽东思想。邓小平同志提出要完整地、准确地理解毛泽东思想，是指经过社会实践反复检验被证明是正确的毛泽东思想理论体系，已把经过实践检验证明是错误的理论观点排除在外了,已经把毛主席关于"文革"的理论路线排除在外了。这是真正高举毛泽东思想伟大旗帜。"两个凡是"把"文革"的理论、路线也包括在毛泽东思想体系之内,是假高举。

马克思主义创立以《共产党宣言》问世为标志,至今已近170年。170年来,马克思主义受到各国资产阶级、封建地主阶级、机会主义派别的攻击、污蔑,但是马克思主义在全世界传播,为什么?因为,世界各国的工人运动、无产阶级革命运动和殖民地半殖民地的民族解放运动,反复证明马克思主义是真理,是科学的理论体系。马克思主义不是靠"两个凡是"捧出来的,是在马克思主义与无产阶级和人民群众的革命实践相结合的过程中,不断接受实践检验,在实践中被证实为真理,在实践中不断发展真理。我们党和全国人民坚持高举毛泽东思想伟大旗帜,是因为毛泽东思想指导中国的民主革命和社会主义革命取得了伟大胜利。

南京大学的许多同志都知道我给《光明日报》撰写了《实践是检验真理的标准》,也知道我参加全国哲学讨论会时在修改这篇文章,会后我又住《光明日报》继续修改文章。《实践是检验真理的唯一标准》发表后,匡校长曾对我说:"《光明日报》上你的文章我看了,很好。"政治系的老师都表示,赞成文章的观点,并无反对意见。尽管中央有人指责这篇文章是"砍旗的",中央宣传部长也在全国各省市自治区宣传部长会议上严厉指责这篇文章,江苏省委、南京大学党

研讨

委并没有对我施加压力，我一如既往地工作、生活。经过十年"文革"，广大干部、党员和人民群众已经独立思考了。

中央权威人士指责《实践是检验真理的唯一标准》是"砍旗"的，随后中央分管意识形态工作的领导人和中央宣传部长又严厉指责这篇文章。这样，就把党内的矛盾公开化了，从此社会上就有"凡是派"与实践派之说。我以为这是自然的。原来，中央主要领导人主张"两个凡是"，而反对"两个凡是"的同志公开发表《实践是检验真理的唯一标准》，否定"两个凡是"，两派对立不就公开了吗？主张"两个凡是"的同志公开指责这篇文章，充分说明这篇文章确实是鲜明的反对"两个凡是"的,并且击中了"两个凡是"的要害,揭穿了"两个凡是"是林彪"天才论"、"顶峰论"、"句句是真理"的翻版的真面目,是唯心论、形而上学。主张"两个凡是"的同志必然起来指责这篇文章,以维护"两个凡是"。这是政治、理论、思想路线斗争的规律,不依人的意志为转移。如果没有人起来反对《光明日报》特约评论员的文章才是怪事。由于主张"两个凡是"的同志掌握着巨大的权力,他们的严厉指责,把刚刚兴起的思想解放又给打压下去,中国似乎又回到了万马齐喑的局面。在这种困难的局面下,人民解放军总参谋长罗瑞卿同志坚定地支持实践是检验真理的唯一标准,他与胡耀邦商量,由吴江同志等撰写《马克思主义的一个最基本的原则》,并亲自修改,以"本报特约评论员"名义在《解放军报》发表。以支持实践是检验真理的唯一标准,批判"两个凡是"。

1978年6月2日,邓小平同志在全军政治工作会议上作了重要讲话,阐述了实践论的基本内容,肯定了实践是检验真理的标准,批评了那种照抄照转上级指示和文件充当收发室的现象,着重指出实事求是是毛泽东思想的根本点,旗帜鲜明地肯定了实践是检验真理的唯一标准。从此,邓小平同志领导了真理标准大讨论。后来,邓小平同志又在多个场合、多个地方肯定实践是检验真理的唯一标准,推动真理标准讨论,并要求真理标准讨论不充分的部门补课。

邓小平同志领导真理标准大讨论,是有历史渊源的。

邓小平是中华人民共和国的开国元勋之一，建国后长期担任党中央总书记，"文革"中被打倒；邓小平第二次复出后，全面主持中央工作，1975 年抓了全面整顿，取得显著成就，获得广大干部和人民群众的拥护。全面整顿实际上是开始拨乱反正。特别是毛泽东要邓小平提出报告，对"文化大革命"作三七开评价，即七分成绩三分缺点。邓小平拒绝了这个要求。这表明邓小平决不肯定"文革"。因此，毛主席才提出"反击右倾翻案风"。邓小平第三次被打倒。但是广大干部和人民都更加拥护邓小平了，期望他第三次复出，主持中央工作，领导全面拨乱反正，开辟建设社会主义现代化的新道路。1977 年 2 月两报一刊社论提出"两个凡是"后，邓小平第一个批判"两个凡是"。1977 年 5 月 24 日，邓小平在与中央两位同志谈话时说：前些日子，中央办公厅的两位负责同志来看我，我对他们讲"两个凡是"不行，按照"两个凡是"，就说不通为我平反的问题，也说不通肯定 1976 年广大群众在天安门广场的活动"合乎情理"的问题。邓小平提出了"完整地准确地理解毛泽东思想"这个新论断，这个新论断是说，对于毛泽东的思想理论、观点必须从当时的形势、面对的现实问题去准确地理解，从毛泽东思想的整体去理解，绝不能脱离当时的形势、实际问题，脱离毛泽东思想体系，孤立地去理解，绝不能搞"句句是真理"，绝不能搞"两个凡是"。邓小平同志第三次复出后，首先抓了教育战线的拨乱反正，在召开教育界人士的座谈会后，决定 1977 年恢复高校招生考试制度，在教育界首先突破"两个凡是"。可见，邓小平对于从理论上驳斥"两个凡是"的"实践是检验真理的唯一标准"，自然是坚定支持的。只有确立实践是检验真理的唯一标准，恢复实事求是、一切从实际出发、理论与实践统一的思想路线，才能否定"文革"及其错误的理论、路线，把经过实践证明是正确的毛泽东思想体系与毛主席关于"文革"及其错误理论、路线以及历史上的错误观点和决策区别开来，从而准确地、完整地把握毛泽东思想。如不彻底否定"文革"，全国人民就不能放手放脚地、一心一意地进行社会主义现代化建设。邓小平和"文革"中被打倒的老同志们也难以彻底平反，理直气壮地工作。

在邓小平同志的支持和领导下，真理标准大讨论蓬勃发展，我每天关注着真理标准讨论的进展，记录着各省、市、自治区领导同志和各大军区领导同志的讲话，学习他们的讲话。时任甘肃省委书记宋平同志首先公开讲话，赞成实践是检验真理的唯一标准。随后，各省、市、自治区党委书记先后讲话，人民解放军各大军区的司令员、政委都出来讲话，赞成实践是检验真理的唯一标准。中央各部委和解放军各总部的领导同志都出来讲话，支持实践是检验真理的唯一标准。人民群众计算着哪个省的领导人已经讲话了。新闻工作者及时地、准确地报道各省、市、自治区、各大军区、各部委领导同志的讲话。全党全军全国人民都参加、关心真理标准大讨论。真理标准大讨论是新中国成立以后最大规模的马克思主义教育运动,最广泛、最深刻的思想解放运动。真理标准大讨论,重新确立了解放思想、实事求是、一切从实际出发、理论与实践统一、通过实践检验真理、发展真理的思想路线,破除"两个凡是",批判个人崇拜和教条主义,砸烂禁锢广大干部和人民的"精神枷锁",推动平反冤假错案,全面否定"文革"和"无产阶级专政下继续革命的理论路线",为开辟社会主义现代化建设新道路提供了马克思主义思想路线。

在真理标准大讨论期间,我写了几篇文章继续阐述实践是检验真理的唯一标准,到南京工学院、南京师范学院、南京市总工会、无锡县、无锡市、芜湖市等地讲了实践是检验真理的唯一标准,参加了哲学研究所在北京召开的理论讨论会,作了大会发言。南京大学召开了实践是检验真理的唯一标准的讨论会,由匡亚明校长主持会议并作了讲话。

真理标准大讨论,是新中国成立后,党内民主大发扬、人民民主大发扬的时期。实践是检验真理的唯一标准与"两个凡是"的斗争,是马克思主义思想路线与唯心主义的斗争,是唯物史观与唯心史观的斗争,是关系党和国家人民的命运和前途的斗争,是重大的政治斗争。真理标准大讨论就是全党和全国人民讨论国家大事,讨论党、国家、人民命运和前途,就是广大干部和人民行使社会主义民主权利、党内民主的权利,反对华国锋等个别领导人的"两个凡是"的错误指导思想,真理标准大讨论就是党内民主和社会主义民主运动。

1978年春天，哲学系迎来了恢复高考后录取的第一届大学生。这届学生是我和潘洁、倪君岵老师同去录取的，共七十二名新生，后来被人戏称为"七十二贤人"。录取中，我们坚持：第一，成绩优秀，第二，个人表现好，不问家庭出身和社会关系。记得有位考生，成绩好，个人表现好，只是家庭出身不好。录取她，还是不录取她？我们三人反复研究，下决心录取她。一个人的家庭成分，不由自己选择，他走的道路是由他自己选择的。这一届学生有几个特点：第一，基本上是老三届学生，个别的是应届毕业生，文化水平高，而且渴望继续读书；第二，绝大多数学生经历过上山下乡，经过劳动锻炼，吃过苦，许多学生还做过农村基层工作，具有一定的研究分析问题的能力；第三，经历过"文化大革命"，获得经验教训，初步了解我国国情，尤其是农村实际情况；第四，这届学生基本上是工人、农民、知识分子和一般干部的子女，生活节俭朴素，为人诚恳老实；第五，普遍年龄较大，少数学生已结婚有子女，部分学生已有恋人，或开始谈恋爱。全系老师职工都很喜爱这届学生，十分重视对这届学生的培养教育。我的办法是，多去学生宿舍，听取对教学的意见，讲课尽可能联系实际，提出问题，推动学生独立思考，解放思想，研究问题，培养学生理论联系实际的能力。我希望学生都成栋梁之材。对学生谈恋爱的问题，我的态度是，只要不张扬，不影响学习，充耳不闻、视而不见。接近毕业时,兄弟系的一位领导同志找我,说哲学系的一位女生与他们系的一位研究生如何如何,要哲学系与他们一起把两个学生都开除了。我说,没听说这件事,也没有证据,我不能开除这个女生;你要开除你系的研究生与我无关。她要我系一起调查,我说,没时间也没兴趣。她气得拂袖而去。那时,费孝通教授在南开大学办了个社会学培训班,招收几十名全国高校的文科学生,培训半年。78级一位男生有志于社会学,去参加培训。毕业时,发生一个问题:他能不能毕业? 研究后决定,只要他通过毕业考试,仍是哲学系毕业生。后来这名学生留校,成为著名的社会学家。哲学系恢复高考的第一届72名学生,分配很顺利,到中央国家机关和北京高校工作的同学十多名,到江苏省机关多名,去各地高校的多名,留校三名。除个别同学外,表现都很好。

在南大上课

三

真理标准大讨论,我出名了,我警告自己,要低调,不要昏了头脑。我记得,粉碎"四人帮"后,教育界大面积加了一级工资,我也加了一级工资,因为已十年多未加工资了。1978年,学校给少数教师又加了一级工资,给我也加了一级。1980年,学校又在较大范围内加一级工资,按政策,我还在加工资范围内。但有些同志加不到这级工资。我考虑再三,主动让出这次加工资机会,让仅加过一级工资的同志再加一级。那时,做饭都用煤球炉,缺点是火力小,易熄灭,而且煮饭烧茶花的时间长。学校努力弄到一批煤气灶,用瓶装煤气煮饭烧菜。领导要给我一副煤气炉灶。我全家商量后,觉得我家虽是双职工,有两个孩子上学,但家有岳母烧饭菜,可以把煤气灶让给双职工、有孩子上学、又无老人的家庭。因此,我们把煤气灶让给了急需的老师。我原住十五舍筒子楼,南北两个房间,五户合用一个厨房,十多户共用一个厕所和洗澡间。后来,学校造了新宿舍,学校分给我一套四居室的住房。全家讨论一致说不能要,于是建议分给我系"文革"前就担任副系主任的教授居住。后来学校在北京西路建造了十三、十四舍,系总支潘洁同志为我申请了十四舍401室,2间半,有饭厅、卫生间、灶间,我们很高兴,搬了新家。粉碎"四人帮"后,生活已大为改善了,工资增加了,稿费也有了。要努力干工作,利益不能争。

1981 年主持研究生答辩

　　"文革"期间,我结识了一个好朋友,历史系的胡允恭教授。那是一个冬天的早晨,我和张丽华同去学校。从 15 舍到学校要经过一条用石块铺成的小路,坎坷不平,刚下过雪,又结了冰,滑溜难走。我们突然看见前面路上一个人跌倒在地,挣扎着站不起来。张丽华赶紧跑去扶他起来,送他回家。原来他的家就在 15 舍楼下底层中间一间,在二楼的平台之下,终年不见阳光。送他到家,交谈起来,我们才知道他是历史系的胡允恭教授,他夫人是陈桓乔。他告诉我们,"文革"开始,他就被驱赶到这里。当时,我被诬为"黑帮分子"。因此互不避嫌。从此,我常从四楼到一楼去看他,他则从一楼到四楼看我们,胡老见我家人多,还买了鲜猪肉送到我家。我们无话不谈。胡允恭教授告诉我,他夫妇两人是大革命时期加入中国共产党的。"四一二"反革命政变前在武汉从事革命斗争,陈桓乔是向警予同志的秘书。大革命失败,党组织派胡允恭到山东济南,担任山东省委书记。后来,胡允恭同志因不同意"左倾"路线,被撤销职务,他与夫人就此脱党了,远走他乡。后到南大任历史系教授,"文革"中被诬蔑为"叛徒"。经过考察组长期外调,没有发现他叛党出卖同志的一点线索,大量事实证明他脱党后仍然在支持革命。因此,专案一直拖着。真理标准大讨论后,胡老突然问我:"你认识刘顺元同志吗?"我说:"认识。"

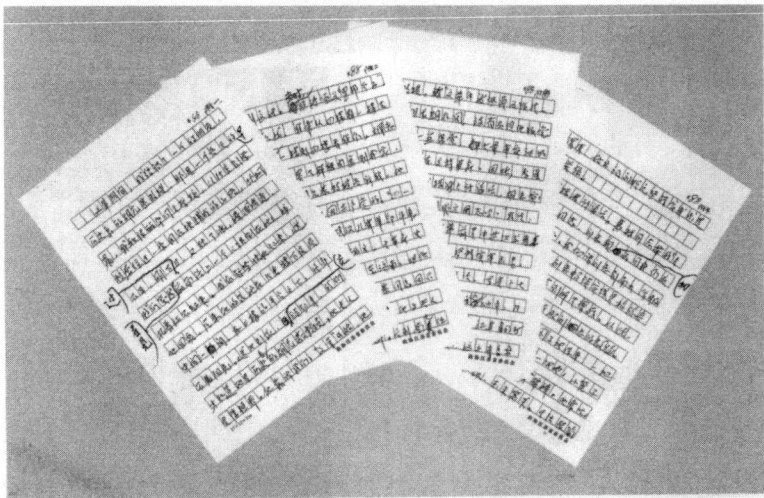

手稿

刘顺元同志"文革"前是中共江苏省委第二书记,理论水平较高,为人刚直,坚持实事求是,敢于坚持原则,敢说真话,深受广大干部尊敬。在 1957 年反右派运动中、1958 年反右倾机会主义运动中,江苏省的打击面是最小的,大家认为,这与省委书记江渭青、副书记刘顺元坚持实事求是有重大关系。

真理标准讨论后,葛林同志带我去看望刘顺元同志,刘老亲切地同我们交谈,讨论问题,我们请刘老到南大作报告,在礼堂里,刘老畅谈实践是检验真理的唯一标准,受到师生尊敬。从此,我常到刘老家,听取刘老的教诲。在春夏之间,他常在园子里除草,一把铲刀,一张小凳子,铲一块地,小凳子向前挪一步。他常吃小米粥、高粱饭、玉米窝头,生活很简朴。我们无话不谈,对反右派运动、"大跃进"、人民公社化运动、"文化大革命"都是否定的。他认为,苏联解体、苏共灭亡,咎由自取。他说:"苏联解体,苏共灭亡,好不好,要问问苏共党员、苏联人民,他们才有发言权。我们没资格说三道四。"语出惊人,不是我辈年轻幼稚的人所能理解的。他教育我:"搞理论,要坚持马列主义原理,坚持理论与实践相结合,坚持实事求是。中国的问题很复杂,搞理论斗争,像打仗一样,不要赤膊上阵,不要学《三国志》里的许褚、典韦赤膊上阵,那是愚蠢的,匹夫之勇而已,要全身披挂,穿了胄甲上阵打仗。"

当胡允恭教授问我是否认识刘顺元同志时,我脱口就说:"认识。"胡老说:"那好,我当年在山东工作,就认识刘顺元同志,他可以证明我何以脱党的。"于是,我告诉了刘顺元同志关于胡允恭的事,他也很高兴。大家商量好,刘老与胡老在南大会见了,分别半个世纪,两位老同志历经磨难又重见,其兴奋之情可知,刘顺元具体说明了胡允恭同志多年前在"左"倾机会主义排挤打击下离开山东的情况,胡允恭同志具体说明了刘顺元同志当年在山东从事党的工作的情况,他们的讲述、他们的回忆与当年的档案和外调材料完全符合。由此还原了历史真面目。

1978 年 11 月 10 日,中共中央工作会议召开。会前,在中央政治局常委会上,邓小平提出要讨论全党工作重点转移的问题,即要把全党工作重点转移到社会主义现代化建设上来,大家同意。华国锋在中央工作会议开幕式上,讲了会议的任务是讨论全党工作重点转移等三个问题,对于半年多来全国真理标准大讨论的问题,只字未提,引起了与会多数同志的不满。

后来,老同志告诉我,会议的重大转折,是从陈云同志发言开始的。陈云同志于 11 月 12 日在东北组第一次发言,使整个大会为之震动!陈云认为,在实现全党工作重点转移的时候,必须做好安定团结工作,而众多的历史遗留问题如不解决,就无法安定团结,也就无法实现工作重点的转移。

陈云同志提出的重大问题有:

一,陈云同志指出"文革"期间震动全国的"六十一人叛徒集团"案应该平反,因为这六十一位同志出反省院是党组织和中央决定的,不是叛徒。他在延安任中央组织部长时深知此事。

二,陈云同志指出陶铸和王鹤寿不是叛徒。

三,陈云同志指出彭德怀同志的冤案应予平反。

四,陈云同志提出了当时最敏感的、全国人民关注的问题,即给 1976 年清明节的天安门事件平反;他说那是一次伟大的群众运动,而且在全国许多大城市也有同样的运动,中央应该肯定这次运动。

五,陈云同志最后提出一个极重要的问题是,对康生必须批判。

陈云同志在东北组的发言,有力地否定了"两个凡是"。这个发言登上简报后,在会上引起轰动,各组同志纷纷发言,赞同陈云同志的发言,普遍认为只有解决了历史遗留问题,才能实现全党工作重点的转移和解决各项工作问题。中共中央副主席邓小平、叶剑英、李先念都坚决支持陈云的发言。

1978 年 11 月 14 日,经中共中央政治局常委批准,中共北京市委郑重宣布:1976 年清明节,广大群众到天安门广场沉痛悼念敬爱的周恩来总理,愤怒声讨"四人帮",完全是革命行动。全国人民持续斗争了一年多的目标终于达到,1976 年清明节前后的"南京反革命事件"也被肯定为革命运动。各个媒体传出这一新闻,人民欢欣鼓舞。

在中央工作会议上,又发生了关于真理标准的争论。有人在发言中讲到"真理标准"讨论的问题,他认为一些口号不妥,例如"反对现代迷信"、来一个思想解放运动等等,说这些口号是在诱导人们"议论毛主席的错误"。他还认为,关于真理标准问题的大讨论中所产生的分歧,仅是思想认识问题,不是政治问题、路线问题,更不是关系党和国家前途命运的问题。这位发言者原本是想否定真理标准大讨论的,结果引起了绝大多数与会代表的不满,促使中央工作会议转变为真理标准讨论的会议。胡乔木在发言中说:"希望华国锋同志在会议结束时能谈一下实践是检验真理的唯一标准问题,对这次讨论作出一个结论。"代表们纷纷批评中央宣传部、汪东兴等同志压制真理标准讨论。

在此形势下,华国锋不得不对提出"两个凡是"作检讨了。12 月 13 日,华国锋在中央工作会议闭幕会上的讲话中,对"两个凡是"的错误作了检讨。华国锋说,1977 年 2 月在中央工作会议上所讲"关于凡是毛主席作出的决策,都必须拥护,凡是损害毛主席形象的言论,都必须制止",这些话讲得绝对了。1977 年 2 月 7 日,中央两报一刊《学好文件抓住纲》的社论中,也讲了"凡是毛主席作出的决策,我们都坚决维护,凡是毛主席的指示,我们都始终不渝地遵循",这"两个凡是"的提法就更加绝对,更为不妥。华国锋关于提出"两个凡是"的检讨,当然不深刻,因为搞"两个凡是"是他的根本利益所在。毛主席提出"反击右倾翻案风"批判邓小平时,指定华国锋担任国务院总理;毛主席把 1976 年天安门事件定性为"反革命事件",错指邓小平是天安门事件的后台,错误撤销邓小平同志党内外一切职务,同时指定华国锋为党中央第一副主席。毛主席的两个错误决策,制造两次冤案,华国锋获得两次提拔,可见这两者之间具有内在联系。所以"实践是检验真理的唯一标准"大讨论八个月后,终于使华国锋承认提出"两个凡是"是错误的,这是一个重大胜利。但是,"两个凡是"阻挠全国拨乱反正,使我国徘徊了两年这个重大的损失,特别是大量的冤假错案的蒙难者及其家属在这两年内所承受的痛苦,找谁补偿呢?

汪东兴也在中央工作会议结束时就坚持"两个凡是",压制真理标准讨论,承认了错误。当然,华国锋和汪东兴在抓捕"四人帮"这件事上是有大功的。抓捕"四人帮"是结束"文革"的关键。人民不会忘记。

1978年12月13日,邓小平在中央工作会议闭幕会上作了著名的讲话:《解放思想,实事求是,团结一致向前看》。这个讲话分为四个大的部分。

第一,解放思想是当前的一个重大政治问题。第二,民主是解放思想的重要条件。第三,处理遗留问题为的是向前看。第四,研究新情况,解决新问题。

邓小平高度评价了真理标准大讨论:"目前进行的关于实践是检验真理的唯一标准问题的讨论,实际上也就是要不要解放思想的争论。大家认为进行这个争论很有必要,意义很大。从争论的情况来看,越看越重要。一个党,一个国家,一个民族,如果一切从本本出发,思想僵化,迷信盛行,那它就不能前进,它的生机就停止了,就要亡党亡国。"

"从这个意义上说,关于真理标准问题的争论,的确是个思想路线问题,是个政治问题,是个关系到党和国家前途和命运的问题。"邓小平的重要讲话,成为接着召开的党的十一届三中全会的主题报告,也是中国特色社会主义的宣言书。

1978 年 12 月 18 日至 22 日,中国共产党第十一届三中全会在北京举行,发布了三中全会公报。公报表明,十一届三中全会作出了一系列决定:从 1979 年 1 月起,全党全国的工作重点转移到以经济建设为中心和社会主义现代化建设上面来,作出改革开放的战略决策;增选了陈云、邓颖超、胡耀邦、王震为政治局委员,陈云为政治局常委、中央副主席;补选了九名中央委员,由党的十二大追认;通过了两年经济计划和两个农业文件;高度评价了实践是检验真理的唯一标准的大讨论。党的十一届三中全会决定 1979 年 1 月把全党工作重点转移到社会主义现代化建设上面,实现了 1956 年党的八大一次会议决定把全党工作重心转移到经济建设上的决策,停止了"以阶级斗争为纲"。这是根本的拨乱反正。党的十一届三中全会实现了建国以来历史的伟大转折,开启了中国社会主义现代化建设的新时期,开辟了中国特色社会主义的新道路,开创了中国特色社会主义新理论。大家都把党的十一届三中全会,称为建国以后的遵义会议。

中华人民共和国的诞生,开辟了中国历史的新纪元,意义伟大而深远。新中国的成立,决定了我一生的命运,但新中国成立时的情况我是后来才知道的。1949 年 10 月 1 日，我仅十四足岁，刚升初中二年级，离无锡解放也只半年，住在偏僻农村；甚至当时不知道 10 月 1 日北京天安门广场正在举行开国大典，正在升起五星红旗，毛主席在天安门城楼上庄严宣布中华人民共和国成立。新中国的开国大典，是后来我从书本上、电影上、电视上看到的。

党的十一届三中全会的召开，却是我热切盼望的，是我努力追求的。因为，我经历了"文革"的灾难，目睹了"文革"给党、国家和人民带来的祸害，所以在粉碎"四人帮"后，我国面临历史转折的机遇，我国要"改弦易辙"，也就是要改变"以阶级斗争为纲"这根弦，要变更无产阶级与资产阶级、社会主义与资本主义道路斗争这个"辙"，要走一心一意搞社会主义现代化建设这个新道路。因此，我积极地参加了批判"四人帮"的斗争。但是，1977 年 2 月 7 日，两报一刊社论《学好文件抓住纲》提出了"两个凡是"。"两个凡是"本质上是唯心论的先验论，它在高举毛泽东思想旗帜的名义下，宣扬唯心论，拒斥真理，从根本上是背离马克思主义的。"两个凡是"的内容、本质就是维护"文化大革命"及其理论、路线、政策，阻止拨乱反正，这就向全党全国人民提出了一个大问题：中国向何处去？是维护"文化大革命"、继承无产阶级专政下继续革命的理论和"以阶级斗争为纲"的路线，还是"拨乱反正"？另一个问题是：是否要为刘少奇、彭德怀等被戴上走资派帽子的党政军老干部平反？这是关系我们党、我们国家和我国人民前途和命运的大问题。因此我撰写了《实践是检验真理的标准》一文,集中批判"两个凡是",后来,这篇文章经过《光明日报》和中央党校多位同志的修改,由胡耀邦同志审定,于 1978 年 5 月 10 日以《实践是检验真理的唯一标准》发表在中央党校内部刊物《理论动态》60 期上。这期《理论动态》指明:《光明日报》供稿,作者南京大学胡福明,本报做了重大修改。这期是胡耀邦同志亲自审定、签发的。5 月 11 日《光明日报》在第一版以本报特约评论员名义发表《实践是检验真理的唯一标准》。但是,一些持"两个凡是"观点的人指责这篇文章是"砍旗的"。胡耀邦同志组织和推动了,邓小平同志领导了真理标准大讨论。真理标准大讨论推动了思想解放运动,为党的十一届三中全会作了思想准备。所以,我认为所有参加和支持真理标准讨论的干部、知识分子和人民大众都为党的十一届三中全会的胜利召开作出了努力,他们的命运与党的十一届三中全会紧密联系,党的十一届三中全会高度评价了真理标准大讨论,也就是充分肯定了所有参加、支持真理标准大讨论的广大干部、理论工作者、新闻工作者、知识分子和人民大众。党内民主、人民民主推动了党的十一届三中全会的胜利召开。党的十一届三中全会顺乎党心、民心。我对党的十一届三中全会倍感亲切,反复读了多遍公报,过了一年半载还要重温十一届三中全会公报。人民是历史的创造者,这是万古不变的真理。

1978 年 9 月下旬,在实践是检验真理的唯一标准大讨
论轰轰烈烈展开期间,中共中央副主席叶剑英提议召开理
论务虚会。这个提议得到中央常委的同意。党的十一届三
中全会后,以胡耀邦为组长、胡乔木为副组长的领导小组,
负责召开全国理论工作务虚会。1979 年 1 月 18 日,理论工
作务虚会开始。理论工作务虚会分两个阶段,1979 年春节
前第一阶段结束,第二阶段春节后召开。理论工作务虚会
第一阶段,我未参加。我参加了理论工作务虚会第二阶段
的会议。3 月 28 日,理论工作务虚会议第二阶段开始,改称
"全国理论工作务虚会",会议由党中央召开。出席 400 多
人,增加了各省、市、自治区的代表 250 人左右。会议开到 4
月 3 日结束。

3 月 30 日,邓小平代表党中央在人民大会堂给我们作
了《坚持四项基本原则》的报告,我认真地听报告,仔细地作
记录。

邓小平说:这次会议是根据党的十一届三中全会的决
定举行的。党的十一届三中全会和全会以前的中央工作会
议,在党的历史上是有重大意义的。"在三中全会以后召开
的这次理论工作务虚会上,大家敞开思想,各抒己见,提出
了不少值得注意、需要研究的问题,总的说来,开得是有成
绩的。我在中央工作会议上讲过,我们要解放思想,开动脑
筋,实事求是,团结一致向前看。现在还是要坚定不移地执
行这个方针。重要的是,要从实际出发,密切结合当前的形

势和任务，进一步宣传和贯彻这个方针。"邓小平充分肯定了党的思想理论队伍在粉碎"四人帮"以后作出的巨大成绩，在三中全会以后作出的重要成绩，认为对这些成绩的任何估计不足都是错误的。但是，邓小平指出，形势在迅速变化，我们的工作也需要迅速发展，在新形势、新任务、新情况面前，我们的思想理论工作显得有些不能紧紧跟上党的要求和形势的发展。在三中全会后，许多从事思想理论工作的同志在实现工作重点的转移方面，步子迈得不够快、不够大。

邓小平的这次讲话，主要矛头针对当时出现的反对党的领导，反对社会主义道路，反对无产阶级专政，反对马列主义、毛泽东思想的思潮。所以，他讲话的题目是《坚持四项基本原则》。他全面深刻地论述了坚持社会主义道路，坚持无产阶级专政，坚持党的领导，坚持马列主义、毛泽东思想的内容和必要性。邓小平讲的是根本的政治原则。

我听了邓小平作的《坚持四项基本原则》的报告很受教育，坚决拥护。我经过反思，认为我以往受的教育，都贯穿着坚持四项基本原则；我的生活成长都依靠着四项基本原则；我批判"四人帮"，批判"两个凡是"，批判"文革"及其理论、路线，都是为了恢复四项基本原则的本来面目。我批判林彪反革命集团、"四人帮"反革命集团和"文革"及其理论路线时，都坚持马列主义、毛泽东思想，都站在四项基本原则的立场上。我认为，党的十一届三中全会确立的解放思想、开动脑筋、实事求是、团结一致向前看的方针，是马列主义、毛泽东思想的根本原则，与坚持四项基本原则完全一致，把党的十一届三中全会的方针与四项基本原则分割开来、对立起来，都是错误的。坚持社会主义道路，坚持无产阶级专政，坚持共产党的领导，坚持马列主义、毛泽东思想，是社会主义中国的根本，是建设社会主义现代化的基础和政治保证，就像阳光、空气、水对人类一样不可或缺。实践在发展，时代在前进，四项基本原则也要与时俱进，在实践的基础上不断完善、丰富和发展。

在参加全国理论工作务虚会期间，我也了解到一些北京等地出现的怀疑与反对四项基本原则的思潮，愈加认识到邓小平所作坚持四项基本原则的报告是及时的、必要的、正确的，意义重大深远。同时，我也认识到思想理论界的形势极为复杂。大致有几种情况：第一种，解放思想，大力批判"左"的路线和"文革"，在敏感问题上个别人言论失当；第二种，继续坚持"两个凡是"，继续反对实践是检验真理的唯一标准，进而反对党的十一届三中全会的路线政策；第三种，抓住"文革"造成祸国殃民的灾难、大量冤假错案，人民生活贫困、就业困难等问题，怀疑与反对四项基本原则的思潮与组织。我知道，思想界理论界的多数同志，在参加了真理标准大讨论和学习了党的十一届三中全会精神，又听取、学习了邓小平同志坚持四项基本原则的重要报告后，大家认识到思想界理论界的中心任务是坚定贯彻党的十一届三中全会的路线和方针,坚持四项基本原则,推动全面拨乱反正,平反冤假错案,落实以社会主义现代化建设为中心,推动改革开放,解放生产力,扩大就业,改善人民生活,这样,就可从理论上、实践上驳斥怀疑和反对四项基本原则的右的错误思潮,批判"左"的错误思潮。回顾党的十一届三中全会以来的历史发展过程,中国特色社会主义道路的开创和发展过程,始终遇到怀疑和反对四项基本原则的右的思潮,始终遇到反对改革开放和中国特色社会主义道路的"左"的思潮,所以,在坚持中国特色社会主义的道路上,思想界、理论界必须始终坚持解放思想、实事求是、理论与实践统一的方针,必须始终坚持四项基本原则。

我旁听了对林彪、江青两个反革命集团案主犯的公开审判。

1980 年 9 月 29 日,第五届全国人民代表大会常务委员会第十六次全体会议通过了《关于成立最高人民检察院特别检察厅和最高人民法院特别法庭检察审判林彪江青反革命集团案主犯的决定》。《决定》公布了特别检察厅厅长、副厅长和检察员的名单,特别法庭庭长、副庭长和审判员名单。

因为是公开审判林彪、江青反革命集团案主犯,各省、市、自治区、中央机关、解放军、各人民团体,都派代表旁听。江苏省委邀请匡亚明校长去旁听。匡校长工作繁忙,向省委建议由我去旁听。省委同意了。

11 月 20 日下午,最高人民法院院长兼特别法庭庭长江华,在最高人民法院宣布特别法庭正式开庭。最高人民检察院检察长兼特别检察厅厅长黄火青宣读了《中华人民共和国最高人民检察院特别检察厅起诉书》。《起诉书》列举了林彪、江青两个反革命集团诬陷迫害党和国家领导人、策划推翻无产阶级专政政权;迫害、镇压广大干部和群众;谋害毛泽东主席,策动反革命武装政变;策动上海武装叛乱等四大罪状,共计 48 条罪行。《起诉书》指出,他们所犯的罪行都有大量确凿的证据,根据《中华人民共和国刑法》第九条的规定,特别检察厅确认,10 名主犯触犯了《中华人民共和国刑法》,分别犯有阴谋颠覆政府、分裂国家罪,武装叛乱罪,反革命杀人、伤人罪,诬告陷害罪,组织、领导反革命集团罪,反革命宣传煽动罪,刑讯逼供罪,非法拘禁罪,应当追究刑事责任。

最高人民检察院特别检察厅起诉的 10 名被告是:

被告人江青,女;

被告人张春桥,男;

被告人姚文元,男;

被告人王洪文,男;

被告人陈伯达,男;

被告人黄永胜,男;

被告人吴法宪,男;

被告人李作鹏,男;

被告人邱会作，男；

被告人江腾蛟，男。

特别刑事法庭分第一审判庭和第二审判庭。第一审判庭审判江青、张春桥、姚文元、王洪文、陈伯达五名被告。

我旁听了特别法庭对江青等五名被告的审判，有几点感想：

第一，江青、张春桥、姚文元、王洪文、陈伯达五名被告罪恶滔天，罄竹难书。想起当年他们诬告迫害党和国家领导人，破坏无产阶级专政，搞乱国家，残害广大干部和人民群众，摧残教育界、文化界、科技界的暴行，阴谋组织第二武装发动反革命政变，篡夺党和国家最高权力等种种罪行，无比愤慨。

第二，江青、张春桥、姚文元、王洪文、陈伯达五名被告所犯罪行，都有大量的人证物证，证据充分，铁证如山。

第三，特别法庭对江青等五名被告的审判，完全是依法进行的。审判前给他们发了通知，让他们聘请了律师，或者代他们聘了律师，给予他们申辩的权利，律师也给他们辩护，完全依法审判。

第四，江青、张春桥、姚文元、王洪文、陈伯达五名主犯，当年权倾天下，不可一世；而今一个个垂头丧气，如同落水狗。江青撒泼撒赖，百般狡辩，妄图把水搅混，逃脱罪责；姚文元、王洪文、陈伯达低头认罪；张春桥则始终一言不发，拒不认罪。我们这些旁听者，都经历过"文革"，受过林彪、江青两个反革命集团的迫害,因此对他们的狡辩十分愤慨。

我们旁听审判的人,都住在京西宾馆,审判不是每天都进行,晚上也无事。因此,有时间想问题。我想的一个问题是:江青、张春桥、姚文元、王洪文、陈伯达这五个被告与"文化大革命"的关系。江青是毛泽东的妻子,张春桥、姚文元都写过几篇宣传极"左"思潮的文章,王洪文是上海造反派的头头,他们的共同特点是都适应"文革"的需要,由陈伯达、江青、张春桥、姚文元等组成"文革"领导小组,陈伯达为组长,江青为副组长,站在前台指挥"文革",发号施令,特别是江青以毛主席夫人的特殊身份,以毛主席的代表自居,今天打倒这个,明天批斗那个,打倒一切,挑动武斗,搞乱天下,疯狂迫害刘少奇等党和国家领导人,残害广大干部和群众。江青、张春桥、姚文元、王洪文和陈伯达,由于适应"文革"的需要,充当了"文革"的急先锋,立了"大功",所以,在党的第九次全国代表大会上当选为中共中央委员,江、张、姚、陈当选为政治局委员,陈伯达当选为政治局常委。张春桥后来又晋升为政治局常委,王洪文随后又晋升为政治局委员、政治局常委、党中央副主席,如此晋升旷古未有啊!"文革"造就了他们,也使他们野心膨胀。江青、张春桥、姚文元、王洪文利用"文革"在上海组织第二武装,阴谋发动武装政变篡夺党和国家的最高领导权。简单的说,"文革"需要江青、张春桥、姚文元、王洪文,"文革"使江青、张春桥、姚文元、王洪文组成反革命小集团,他们又利用"文革"阴谋篡夺党和国家的最高权力。这就是"文革"和江青、张春桥、姚文元、王洪文、陈伯达的关系。我们只有沿着历史的轨迹去研究问题,才能认识"文革"与江青、张春桥、姚文元、王洪文、陈伯达的关系。我想,林彪反革命集团与"文革"的关系,与江青反革命集团和"文革"的关系,基本一样。但是,林彪反革命集团、江青反革命集团,都祸害中国人民。中国人民才是中国的主人,所以,林彪反革命集团、江青反革命集团最终都被中国人民铲除了,得民心者得天下,失民心者失天下,这就是历史规律。谁也没有能力倒转这个历史规律。中国人民最伟大。中国人民才是中国的主人。

四

我还参加了《关于建国以来党的若干历史问题的决议》草案的四千人大讨论。

我写作《实践是检验真理的标准》,批判"两个凡是",目的就是确立实事求是、一切从实际出发的思想路线,重新认识"文化大革命",推动否定"文革",拨乱反正,开创社会主义现代化建设的新道路。真理标准大讨论,否定"两个凡是",批判"天才论",批判无产阶级专政下继续革命的理论,都是针对"文革"的。陈云同志在 1978 年 10 月召开的中央工作会议上的发言,提出的为 1976 年清明节"天安门事件"平反等五个问题,都是否定"文革"的。邓小平同志在中央工作会议上作了总结报告《解放思想,实事求是,团结一致向前看》。在这个总结报告中,邓小平同志高度评价了实践是检验真理的唯一标准的大讨论,强调民主是解放思想的条件,提出了解放思想、实事求是、团结一致向前看的方针,指出全党全国人民的任务是进行社会主义现代化建设,提出了改革开放的战略。邓小平的重要讲话,是继中央工作会议之后召开的党的十一届三中全会的主题报告。党的十一届三中全会决定把全党工作重点转移到社会主义现代化建设上面,以经济建设为中心,停止"以阶级斗争为纲",提出改革开放战略,可说完全否定了"文革"。理论工作务虚会进一步批判了"两个凡是",而且直接批判了"文革"及其理论路线。随后,邓小平作了《坚持四项基本原则》的报告,深刻批判了怀疑和反对四项基本原则的反动思潮。至此,广大干部、思想理论工作者和人民群众都希望对"文化大革命"及其理论路线做一个结论,并对建国以后党的若干重大问题和历史经验作个总结。因此,中央决定,在庆祝新中国成立 30 周年的庆祝大会上,由叶剑英副主席总结新中国成立以来的伟大成就和经验教训。经认真准备后,1979 年 9 月 29 日下午,庆祝中华人民共和国成立三十周年大会在人民大会堂隆重举行,叶剑英副主席代表中共中央、全国人大常委会、国务院发表重要讲话,回顾总结了建国以来 30 年的历史。这篇讲话,受到全党、全国人民和国际人士一致的赞扬好评。但是,干部和群众还是要求对"文革"和建国以来的若干历史问题作个决议。同时,在贯彻党的十一届三中全会路线和进行改革开放的进程中,也遇到了极左思潮的严重干扰。例如,安徽省凤阳县小岗村等各地农村实行农业大包干的改革,就受到极左思潮的反对,说什么"辛辛苦苦三十年,一夜回到解放前"。可见,贯彻党的十一届三中全会的路线、方针的实践,也要求对建国以来党的历史经验进行总结,统一认识。党中央多次研究,决定解决这个问题。

党中央决定在党的十二大召开以前,作出关于建国以来党的若干历史问题的决议,仿效党的七大以前,作出《关于党的若干历史问题的决议》一样。邓小平领导了决议的起草工作,提出了指导思想,多次听取决议起草工作汇报,多次看了决议初稿,多次发表了指导意见。决议草案历经反复修改,中央政治局决定,将历史决议初稿印发各省、市、自治区党委,以组织全党 4000 名干部进行讨论,1980 年 10 月 12 日,中共中央办公厅发出通知,要求组织《关于建国以来党的若干历史问题的决议》(讨论稿)讨论的通知。这是一次规模空前的大讨论,是党内民主的大发扬。

中共江苏省委于 1980 年 10 月下旬组织了 100 多位同志讨论《关于建国以来党的若干历史问题的决议》(讨论稿),地点在中山陵干部休养所。我当时是南京大学政治系副主任、讲师,省委通知我参加了这次大讨论,编在苏州组,组长是罗运来同志。罗运来同志反复要求大家认真阅读决议讨论稿,解放思想,畅所欲言。我仔细地阅读《关于建国以来党的若干历史问题的决议》（讨论稿），认为这个决议讨论稿写得好，我赞成。第一，《决议》讨论稿第一部分，写了中国共产党领导中国新民主主义革命取得了伟大胜利，建立了中华人民共和国，这就有力地确立了毛泽东作为新中国的主要奠基者之一的历史地位，树立了毛泽东思想的指导地位。《决议》讨论稿指出，毛泽东思想是毛泽东代表的全党智慧的结晶，这就更科学地阐明了毛泽东思想，更牢固地确立了毛泽东思想的指导地位。第二，《决议》讨论稿指出，"文化大革命"不是任何意义上的革命，把它定性为"动乱"。第三，指出"文化大革命"的主要责任在毛主席，毛主席亲自领导和发动了"文化大革命"。其他几个历史问题，也基本讲清楚了。

对于"文化大革命"产生的原因，《决议》讨论稿在对建国以来历史的分析中，找出多个因素，认为是这些因素的发展导致了"文化大革命"的发生，这个分析很有启发。但是，我认为"文化大革命"爆发的主要根源在于从"大跃进"、人民公社化运动到"四清运动"这一段时间内，特别是从毛主席退居二线、刘少奇担任国家主席走上第一线这段时间，毛泽东与刘少奇的意见分歧明显，导致毛泽东错误估计形势、错误判断分歧矛盾，从而发动了"文化大革命"。具体研究这一历史阶段就可明白。

1958 年初发动的"大跃进"、人民公社化运动，是从反对右倾机会主义开始的，"拔白旗，插红旗"，鼓吹"人有多大胆,地有多大产","不怕做不到,就怕想不到",大炼钢铁,要求一年钢铁产量翻一番,从1957年的535万吨上升至1958年的1070万吨,大办水利、大办工业,农业深翻密植;小麦亩产、稻谷亩产大放卫星,假话、大话、空话盛行,严重背离了实事求是精神,严重违背了自然规律、经济规律,造成经济大破坏;特别是发动农村人民公社化运动,一平二调,大刮"共产风",严重违反社会发展规律,粮食严重减产,加上大办公共食堂,吃饭不要钱,放开肚皮吃饭,引发全国缺粮,城市人均口粮下降,副食品、蔬菜供应紧张,人均每月半斤油、半斤肉。棉布、棉花、针头、棉线等日常用品,都凭票供应,票证多至几十种。农民更苦。我国出现了罕见的经济困难,这当然是"大跃进"、人民公社化运动造成的。谁来收拾这个局面?

1959年,毛泽东提出,辞去国家主席职务,退居二线,专门研究理论问题;他提名刘少奇担任国家主席,走上一线,主持中央日常工作。这样,刘少奇就承担起收拾"大跃进"、人民公社化运动造成的困难局面这个重任了。刘少奇等同志实事求是地分析了严峻形势,切实贯彻调整、巩固、充实、提高的方针,大幅减低了浮夸的经济计划,停止了各种大办;解散公共食堂,农村实行以生产队为基础的三级所有制,扩大自留地,开放农村集市贸易,对革命老区、少数民族地区、边疆地区和贫困地区允许包产到户;在文化领域,放宽政策,召开知识分子会议,纠正过"左"的政策,特别是动员"大跃进"时期进厂务工的 2000 万农民返回农村务农、为庐山会议后各地反右倾机会主义斗争中挨批判的"右倾机会主义分子"平反。经过三年努力，工农业生产逐步恢复，又有红烧肉了，工业品也丰富起来，国民经济又开始发展了。

在此局势下，毛泽东在中共八届十中全会上又提出：千万不要忘记阶级斗争。这是一个重大信号，意味着中国社会又将开展政治运动。先是在农村开展社会主义教育运动。刘少奇主持制订了农村社教的"十条"，称"前十条"。这时的社教运动又称"四清"运动，"四清"运动主要在生产队和生产大队展开，解决干部的"四不清"问题，即多吃多占、贪污盗窃，干部敌我不分，地主、富农混入干部队伍和破坏活动。经过一段时间的"四清"运动，又总结经验，制订"四清"运动的"后十条"。毛主席不满意，亲自领导，制定了"二十三条"。"二十三条"的特点是，提出农村社会主义教育运动的重点是整走资本主义道路的当权派。这就明确了农村社会主义教育运动的性质是无产阶级与资产阶级、社会主义与资本主义两个阶级两条路线的斗争，不是"四清与四不清"的问题；社会主义教育运动的重点是整走资本主义道路的当权派，这个"走资本主义道路的当权派"当然不是生产队、生产大队的基层干部，至少也是公社、县一级领导干部，甚至更高级别的领导干部，直至中央的领导干部。在农村社会主义教育运动问题上，毛主席与刘少奇发生严重的分歧与争论。在当时的农村工作上，"走资本主义道路"的内容究竟是什么呢？没有人明确指出。但从后来的大批判文章中可以看出，是指恢复和适当扩大农民的自留地，允许农民发展多种经营和家庭副业，恢复农村集市贸易，在老、少、边、穷地区允许暂时包产到户、"分田到户"以恢复和发展农业生产，即"三自一包"这些恢复农业生产的措施。"三自一包"被定性为资本主义道路。这就是毛泽东和刘少奇之间的矛盾。根据毛泽东的说法，农村社会主义运动和城市的"五反"运动都不能解决矛盾，于是发动和领导了"文化大革命"。"文化大革命"的重点是打倒走资本主义道路的当权派，而走资派的司令部就是"刘少奇为首、邓小平为副的资产阶级司令部"，与之对立的是"毛泽东为首的无产阶级司令部"，包括林彪、陈伯达、康生和江青等在内。从"文化大革命"的指导思想、矛头所向，应该从历史上找寻"文革"的源头。但是，毛主席发动"文革"能不能如愿，"文革"这场灾难能不能避免呢？如果党中央的多数领导同志能坚持马克思主义普遍真理与中国实际结合，科学分析政治形势，敢于表达自己的意见，如果党中央建立了健全的民主集中制，那么，有可能阻止"文革"的发生。但是，没有阻止"文革"的发生。原因很多：第一，当时个人崇拜盛行，林彪鼓吹"天才论"、"顶峰论"，把毛主席称为天才，把毛泽东思想称作马克思主义的顶峰，把毛主席的话说成"句句是真理"、"一句顶一万句"。"天才论"就是神化毛主席，强化毛主席的权威,赋予毛主席绝对的权力,使广大干部和群众无条件地信任和服从毛主席的理论、观点和决策,放弃了开动脑筋、独立思考、实事求是而盲目服从。第二,当时的领导同志、老干部都是在毛主席的领导下、毛泽东思想的指导下进行革命斗争,走农村包围城市、武装夺取政权的道路,夺取中国革命胜利的,对毛主席和毛泽东思想具有深刻的体验和深厚的感情。他们凭历史经验,总是相信毛主席是正确的。第三,多年里,党内并未建立健全民主集中制,党内缺乏民主的传统。党从诞生之日起就在帝国主义、封建主义和官僚资本主义的残酷镇压下,进行武装革命和秘密斗争,没有条件发扬民主。建国以后,我们党又没有及时由革命党转变为执政党。因此,党内习惯于首长个人说了算、一言堂。在此情况下,即使有个别同志,对党的工作提出不同观点与批评意见,也会受到严重的压制和打击。彭德怀等同志在 1959 年的庐山会议上对"大跃进"提出了批评而受到严厉打击,被定为"反党集团",就是证明。党和国家政治生活中,缺乏民主,当然与两千多年的封建专制主义统治相关。旧中国是个半殖民地半封建社会,现代工业占 10%,无产阶级人数少,商品经济不发达,农民小生产者占绝大多数,没有经历大规模的启蒙运动,因此封建思想残余相当严重。大家知道,全国革命胜利前,党和人民解放军的队伍内,绝大多数人出身于农民小生产者,他们参加党和解放军后,长期受马克思列宁主义、毛泽东思想的教育,思想觉悟有了很大的提高，但是仍残留着农民小生产观念。共产党产生斗争于半殖民地半封建社会，不可避免地会受到旧社会的影响。党的建设的一个重要内容就是清除旧社会的影响，清除封建思想残余、资本主义思想、个人主义、官僚主义、享乐主义、无政府主义、自由主义等腐朽思想，树立无产阶级的世界观、人生观。这是需要长期努力的。但不是用"文革"这种斗争方式能够解决，需要长期的教育，更需要建立健全党的民主集中制，建立民主制度。人民民主制度当然是人民民主集中制度，决非无政府主义。

邓小平同志对起草《关于建国以来党的若干历史问题的决议》作过多次讲话，有一次讲话说：《决议》"宜粗不宜细"。这是正确的，也是必要的。同时也表明，对建国以后的历史还可以深入研究，继续总结经验。历史是已经发生过的事件，是客观存在的，可以研究它，认识它，可以从新的视角去评价它，但不能改变它，不能否定它。正确的态度是实事求是地认识它，评价它，还其本来面目。深刻总结历史的经验教训，特别是"文革"的经验教训，是深化改革、建设健全的党内民主集中制的必要前提，是建设中国特色社会主义民主政治制度的必要条件，是实现共产党的领导、人民当家作主、依法治国三者有机结合的必要条件。大家知道，1927年的八七会议、1935年的遵义会议、1978年的党的十一届三中全会，都是重大历史关头召开的会议，都是充分发扬民主，实行民主集中制，通过了正确决议，实现了党的历史的转折,脱离了险境,开辟了革命胜利的新道路。

近年来,有学者认为,《实践是检验真理的唯一标准》并没有批判"两个凡是",好像跟"两个凡是"没有关系,我感到有些奇怪。《实践是检验真理的唯一标准》整篇文章都在批判"两个凡是"。他们认为《实践是检验真理的唯一标准》没有点出"两个凡是"的名,因而没有批判。我认为这种想法是不准确的,《实践是检验真理的唯一标准》确实没有点名批判"两个凡是",这是由当时的形势决定的。"两个凡是"出自《人民日报》、《解放军报》、《红旗杂志》"两报一刊"的社论,代表党中央主要负责人的方针。当时《光明日报》怎么能公开批评"两个凡是"呢?但是,《实践是检验真理的唯一标准》确实是针对着"两个凡是"。1983年7月出版的《邓小平文选》第二卷有篇文章《"两个凡是"不符合马克思主义》,认为"两个凡是"是否定为邓小平、为天安门四五运动平反的。但是,在《邓小平文选》第二卷出版以前,我们并不知道邓小平批判了"两个凡是"。

还有一些同志说,他们早就知道实践是检验真理的标准了,这是对的,因为在马克思主义的经典著作中,例如毛主席的《实践论》中,早就阐明了实践和理论的关系:实践产生理论,理论指导实践,理论在指导实践的过程中检验自身。如果理论符合实际,则实践证明理论的正确;反之,则说明理论是错误的,因此必须在实践的基础上修正理论,使之符合实践。理论经过实践检验,得到预期效果,才能证明理论的正确性。但是,并不是所有知道这个理论的人都能自觉批判"两个凡是"。因为,批判"两个凡是"并不是从"实践是检验真理的唯一标准"中推论出来的。相反,我是从考虑批判"两个凡是"的过程中寻找理论武器,而找到实践是检验真理的标准这个理论武器。当然,许多同志在马克思主义哲学教科书中,早就学到了实践是检验真理的标准这个原理,对于参加真理标准大讨论,批判"两个凡是"是有意义的。

历史也证明,《实践是检验真理的唯一标准》是批判了"两个凡是"的。坚持"两个凡是"观点的同志,公开指责《实践是检验真理的唯一标准》是"砍旗"的,是反毛泽东思想的。汪东兴多次批评《实践是检验真理的唯一标准》是"砍旗"的。各省市文教书记和宣传部长会议也指责这篇文章是反马克思主义的。而邓小平、胡耀邦、陈云等同志,以及各省市书记、中央各部委、解放军的领导同志都先后发表谈话,赞成《实践是检验真理的唯一标准》。两军对垒长达七八个月之久,直至1978年十一届三中全会召开。说《实践是检验真理的唯一标准》没有批判"两个凡是",那么为什么支持"两个凡是"的同志抵制《实践是检验真理的唯一标准》那么久?难道他们是无的放矢?历史证明,这是两种世界观的斗争,《实践是检验真理的唯一标准》批判了个人迷信和盲从,批判了"天才论""顶峰论""一句顶一万句",开启了思想解放运动。

时代是思想之母,实践是理论之源。在重大历史转折关头,作为一个共产党员要有担当,要有责任感、使命感。我当年写《实践是检验真理的唯一标准》是为了宣传实事求是的观点,是反对"天才论"、宣传人民是历史的创造者,从中国实际出发来建设社会主义。伟大实践结出新时代思想硕果。以习近平为核心的党中央在十八大以来牢牢抓住党的建设这个中心关键,这是他把中国特色社会主义推向新时代的一个根本条件。历史不会终结,实践没有止境,理论创新也没有止境,新的时代需要新的理论。经过改革开放后三十多年的发展,我国社会的主要矛盾已由"人民日益增长的物质文化需要同落后的社会生产之间的矛盾",发展为"人民日益增长的美好生活需要和不平衡不充分的发展之间的矛盾"。十九大报告把新时代中国特色社会主义的新矛盾、新任务、新要求、新战略,讲得透彻,使人耳目一新。习近平同志又提出"四个全面":全面建成小康社会、全面深化改革、全面依法治国、全面从严治党;以及两个一百年的奋斗目标:到中国共产党成立 100 年时(2021 年)全面建成小康社会,到新中国成立一百年时(2049 年)建成富强、民主、文明、和谐的社会主义现代化国家。习近平新时代中国特色社会主义思想是建立在多年来砥砺奋进的实践的基础上。十八大以来的实践充分证明,习近平同志关于中国特色社会主义新时代的论断、思想、理论是完全正确的。习近平总书记立足于实际,传承了马克思主义真理,开辟了中国特色社会主义新境界。

第四章 ....

到省级机关工作

一

1982年11月上旬,南大党委通知我,立即到中共江苏省委,许家屯书记找我谈话。第二天,我到省委许家屯书记办公室,寒暄几句后,许家屯书记问了我的经历、学校工作的情况,我都扼要地讲了。随后,他说:"福明同志,省委研究,调你到宣传部工作。"我毫无思想准备,就问:"为什么?"他说:"工作需要。"我问:"做什么工作?"他说:"担任副部长,还是做理论工作。"我想了一会说:"我没有机关工作经验,干不了。"他说:"没有经验就到工作中去取得经验。在战争中学习战争,在游泳中学习游泳,这个哲学道理你很清楚。"于是,我说:"我确实没有思想准备。让我回去想想,再报告省委。"许书记说:"也好,过几天等你回音。"这次谈话至多半小时。

回到学校后,我与妻子商量,她的意见是,由我自己决定,留在学校与到宣传部工作一个样。我仍然讲课和做行政工作。这时,总支书记葛林和姚诚等几位政治经济学教师已去创办经济系了,这是适应社会主义现代化建设的需要。随后学校党委副书记章德找我谈话,让我担任系总支书记,我谢绝了,因为我已是系总支副书记、副系主任,还要上课。我推荐潘洁同志担任总支书记,学校党委接受了我的意见。我确实热爱教学工作。许家屯书记找我谈话,我渐渐淡忘了,过了三个星期,章德书记找我谈话,说:"许家屯书记找你谈话已三个星期了,你考虑得怎么样了?总该有个回复吧,希望你尽快答复。"于是,我给江苏省委写了封信,在信里我讲了几点:首先感谢江苏省委对我的关怀,接着讲明我不想到宣传部工作,愿意留在南大教书,我的理由是:我热爱教育工作,已经熟悉教学工作,喜欢与青年学生在一起,对机关工作毫无经验。最后,我说:作为共产党员,我当然服从组织安排,不过我提出要求,如果我不适应宣传部工作,我希望能回到南京大学教书,希望那时省委能批准。这封信交给学校党委报送省委。两天后,江苏省委通知我,立即到省委宣传部报到。两天后,我到宣传部报到,当时就给我安排了办公室。

我到宣传部后,第一件事就是协助宣传部长办好党的十二大文件学习班。过了几天,我向部长请假,要回校领工资。部长说:你的工资关系、行政关系等,办公室都给你办好了,都在部里了。这时,我才意识到,我已不是南大教师了,有点惆怅、失落。

当时,宣传部要管理部分厅局,如教育厅、文化厅、广播电视厅、新闻出版局,联系《新华日报》等新闻单位、文联、作协、社联、社会科学院(当时是社会科学研究所),管理这些单位的干部。还有一个高校党委,由部长兼任书记,由一位副部长专任党委副书记。后来,又建立讲师团。我到宣传部不久,老部长由于年老退休,调来了新的部长。1983年我任省委宣传部常务副部长。

当时省委宣传部的工作很繁忙、复杂。大致说来,有如下工作:宣传党的十一届三中全会的精神,党的十二大的精神,宣传省委贯彻三中全会精神和十二大精神的决定指示,宣传我省贯彻中央精神的经验和成绩,我省经济建设、改革开放和各项工作的发展和经验;宣传马列主义、毛泽东思想;指导市、县宣传部和省各新闻出版单位、高校等的宣传工作,以及省级新闻单位的干部工作,高校的干部工作由高教工委负责。

宣传部最复杂的工作还是意识形态方面的工作。当时有项任务称作"清除精神污染"。我的理解是,清除思想上、精神上的污染物,或者说清除污染精神的错误思想。可见,在思想、精神领域,有两种东西:一种是正确的、纯洁的思想、精神,即马列主义、毛泽东思想、党的十一届三中全会精神,党的十二大路线、政策,以及健康的、向上的思想、精神等;一种是错误的、反动的、有害的思想精神。清除精神污染,当然是清除错误的、有害的思想、精神,如清除封建专制主义残余思想、极左思想、崇洋媚外思想,批判怀疑和反对四项基本原则的思想、资产阶级唯利是图的思想以及各种腐朽腐败的思想。清除精神污染,主要是批判怀疑和反对四项基本原则的错误思想和唯利是图的思想。但是,事情很复杂。首先遇到的是混淆问题,把反精神污染扩大化。有些学校把改革开放后出现的女孩子烫发,穿小裤管裤子、高跟鞋、花裙子,男孩子穿花衬衫等，说成奇装异服，作为清除精神污染的对象加以指责。幸亏发现得早，及时纠正了。第二，更复杂的是改革开放中出现的新问题如何处理？这时农村中已普遍实行家庭联产承包责任制，农民发展多种经营，城市也出现个体商贩，城乡都出现了雇工现象，安徽有个年广久炒了瓜子卖，称傻子瓜子，生意很红火，雇了十多人。江苏也有雇工的事，怎么办？

中央召开各省、市、自治区宣传部长会议，我去参加会议。当时胡耀邦同志已任党中央总书记，邓力群同志任中央宣传部部长。会议在中南海举行。邓力群部长主持会议，他首先指名我发言，汇报江苏的宣传工作，我首先汇报了江苏宣传工作的情况，然后提了问题：经济领域的问题管不管，各城乡出现个体商贩、私营企业、雇工怎么办？邓力群部长立即回答我：这个问题，胡耀邦总书记已说了，经济领域不搞反精神污染。我很高兴，回南京立即向省委汇报。我记得，当时理论界争论很多，一个突出问题是，雇佣几个工人才是剥削？有人说，马克思说过，雇佣8个工人，算剥削。我弄不懂。还有一个更大的问题，在我国现阶段允许资本主义经济在多大程度上存在。

我感到，在中国特色社会主义道路上，始终面临两方面的干扰。一方面，西方垄断资产阶级仇视中国社会主义，力图通过各种手段，包括思想渗透，鼓吹资本主义的优越性和价值观，鼓吹西方的民主、自由、人权，我国也有一些人回应西方的思潮，鼓吹西式民主、自由、人权，妄图促使我国和平演变为资本主义的附庸。另一方面,我国一些人思想僵化,以"左"的思想抵制、反对改革开放,把改革开放说成走资本主义道路。长期内不能谈人权,把自由、平等、民主、人权这些人类社会发展的文明成果,看作资本主义独有的,似乎社会主义不讲自由、平等、民主、人权。所以,坚持中国特色社会主义道路是一个极其艰难的过程,必须百折不挠地把马克思主义普遍真理与中国实际结合,解放思想、实事求是、理论与实践统一,排除各种干扰,不断研究新情况,解决新问题,坚定不移地走中国特色社会主义道路,建设社会主义现代化,从根本上粉碎资产阶级自由化思潮和极左思潮。

在宣传部工作期间,在思想理论战线上没犯错误,但在行政工作上犯了个大错误。这就是姚迁事件。一天,我拿到一份调查报告,是宣传部组织的调查组撰写的,内容是揭露南京博物院院长姚迁同志把科研人员的科研论文以自己的名义公开发表。我看了,觉得内容很多。但是,我不知道这个调查组是怎么成立的,是根据哪些科研人员的揭发成立的。我更没有调查每篇文章写作情况、发表过程。总之,没有任何调研,就盲目地认同了这个调查报告。我本不认识姚迁,但受命找姚迁同志谈话,要他写检查。过了几天,正开部务会议,《光明日报》记者送来一份关于姚迁同志把科研人员的科研论文以自己名义发表的新闻稿,要宣传部领导签字,部长不签字,让我签字,我不签字。《光明日报》记者不是我约的,调查报告不是我交给记者的,并且还未核实,所以,我还是拒绝签字。但是,《光明日报》在头版发表了这篇新闻。随后,部长去北京学习,我受命去南京博物院宣布,撤销姚迁同志南京博物院院长的职务,并批评了姚迁同志的"错误",要他检讨。结果,姚迁同志自杀了,引起很大反响,家属责问宣传部,许多同志同情姚迁,批评宣传部。我受到很大压力,"死者为大",我到南京博物院去听取批评,承担责任。不久,中央派来了调查组,进行调查,最后作出了处理决定,撤销宣传部长职务,给我以党内严重警告处分,并把处理决定在《光明日报》公布。在姚迁同志问题上,我犯错误的根源是,没有作调查研究,违背了实事求是思想路线,犯了严重的主观主义、官僚主义错误,这正是理论脱离实践的恶果。我这个书生从政真不行。

1983 年 4 月,江苏省第六届人民代表大会,我被选为全国人大代表。省委组织部副部长同我谈话,要我担任省人大常委会委员,我明确谢绝,因为担任的职务太多了,我没有那么多精力来搞好工作。1984 年 12 月,中共江苏省第七次代表大会,我被选为省委委员、省委常委。参加人民代表大会我有个重要的体会:人代会在不断地扩大民主。第六次全国人代会表决国务委员组成和各项提案,用举手的方法来表决。很少有人举手投反对票,如果谁投了反对票,大家会站起来看他。第八届全国人代会,投反对票的人多了,特别是国务院组成人员。按电钮而不用举手,投票方式改变,对于投反对票,大家也不以为奇。民主氛围扩大了。

第八届全国人代会,我参与了一个提案的提出,和几位全国人大代表一起提议为新闻报刊立法,我们的看法是:要实行依法治国,依宪治国,立部《新闻法》、依法治理新闻报刊是十分必要的。共产党的党报,像《人民日报》、《新华日报》,是各省、市、自治区各级党委办的报纸,当然应该作为"喉舌"传达各级党委的声音。对于人民的呼声,要像"耳膜"一样把真实情况反映出来,人民有权通过党报来反映自己的意见和要求,包括批评党和政府的管理人员。总之应该有部法律,明确应该做什么,不该做什么。但这个新闻法提案未被通过,全国人大常委会给我们的答复是,立法的条件还不成熟。

二

因为姚迁事件,我在宣传部难以工作下去了。江苏省委决定,调我到中共江苏省委党校担任校长,从事干部教育工作。这跟我的教师出身比较吻合。

省委党校的任务是短期培训厅局地市级干部、县处级干部,一般为半月、一月,县处级干部至多三个月,培训后备干部在半年以内,教育内容有党的路线、方针、政策,马列主义、毛泽东思想,省委的重大决策等。我到省委党校后,作了调查,听取了教师、干部、学员的意见,在校委会进行了讨论。校委决定,要做几件事,首先是调整教育内容,其次是培养教师队伍,提高教学质量,以及做好行政工作。

在调整教学内容方面,认定党校教学是为党当前的任务服务的,因此,应当以学习党的十一届三中全会以来的路线、方针、政策,学习中国特色社会主义理论,结合江苏省的改革开放和社会主义现代化建设,为党的中心工作服务,结合学习马列主义、毛泽东思想的基本观点。这是教学内容的一个重要转变。为了适应这个转变,组织教师、学员去苏南和广东等地调研,推动师生到实践中去感受改革开放和社会主义现代化建设,坚持中国特色社会主义道路。

第二,大力培养教师队伍。我认为党校应该培养自己的教师队伍、学者、专家。我到学校时,老教师很多,他们有理论、有经验,但年岁大了。因此,我们大力吸收年轻的大学毕业生,充实、扩大教师队伍,特别是哲学、经济学、社会主义和管理科学,都吸收了多名年轻人。培养的方法是,把他们推上教学岗位,要他们深入学员做辅导,上讲台,派他们到农村、工厂去调研。动员教师搞科研,教师从事科研是提高教学质量的重要方法。搞好教学、科研、调查研究,都要提高教师的积极性、创造性。我曾经组织教师和学员到广州、青岛、大连去做调查研究,学习改革开放的经验。我曾自己带队伍到无锡的工厂做调研,无锡市委书记邓鸿勋为师生作报告,介绍工业的改革情况。职称是评估教师教学、科研和调研的数量和质量的主要标志,也是教师的贡献、地位的重要标志,还是工资待遇的标志,并且能够调动教师的积极性。党校过去没有职称,只有行政级别。因此,江苏省委党校努力推进职称评审工作。学校建立高级职称评审委员会,参照高校制订评审条例,报省有关部门批准,先评出一批讲师。当时党校也没有资格评审副教授、教授。党校职称评审委员会评出五名教授后,必须报省高校职称评审委员会评审。但是,党校教学与高校教学相差很大。高校课程学时多,讲稿厚,学术性强;党校课时少,讲的是革命、改革和建设的现实问题,是党的理论、路线、政策和马列主义、毛泽东思想的基本理论,因此,党校教师的职称评定必须从党校教学、科研与调研的实际出发,不能照搬普通高校的职称评审。这样,江苏省委党校就制定了党校系统职称评审条例和评审委员会,报请江苏省委、省政府审查。江苏省委、省政府批准了省委党校的报告。省委党校成立了全省党校系统的高级职称评审委员会,市县党校教师的副教授、教授职称,也由江苏省委党校高级职称评审委员会评审。建立了专家数据库,随机聘请高校的教授组成相应学科的评审小组,评审小组对评审对象的教学、科研和调研成绩与水平进行研究讨论,以无记名投票方式决定教授、副教授、高级讲师的推荐对象,评审委员会根据评审小组的评审结果进行讨论,以无记名投票的方式,决定教授、副教授、高级讲师。评审小组的组长一般是外聘的高校教授,他们也是高评委的委员。他们是从数据库中随机抽签决定。评审工作的各道程序公开,保证公平公正。省委党校设立高级职称评审委员会,江苏省委党校是第一家。中共江苏省委高度重视党校工作。在省委党校工作期间,我尽力与省委组织部、宣传部、统战部合作,取得他们的帮助与支持。省委党校最困难的,不是经费而是学员数量不足,培训名单上有的,总有一部分请假。有些市县党校经费非常困难,连饮水问题都没有解决。省委党校经过调查研究,向省委组织部写报告,请求拨给经费。还有些党校宿舍楼倒塌,省委组织部也拨给经费重建。总之,省委党校协同省委组织部尽力帮助市县党校解决困难问题。

我担任省委党校校长期间,曾兼任江苏省哲学社会科学联合会主席和江苏省社会科学院院长。在兼任社科院院长期间,我努力支持社科院建造科研大楼,建造科研人员和工作人员的住房,建立江苏省社会科学职称评审委员会,增加高级职称名额。省社科院的中心任务,就是科

工作照

学研究,各项工作都要为科研服务。省社科院的科研范围,既包括世界经济、政治和意识形态问题,又包括全国的经济、政治、文化问题,社会主义现代化建设的各种问题,江苏省的历史、文化问题,总之是人尽其才、各展其长;但是,研究的重

点是江苏省的社会主义现代化建设。我们的原则是放眼世界、面向全国、立足江苏,社会科学研究的指导思想是解放思想、实事求是、理论与实践相统一,坚持中国特色社会主义道路。

我根据中共江苏省第九次代表大会的精神,在省社科院组织了苏南现代化课题组,对苏州、无锡、常州三市的经济社会发展的现有水平和发展经验,作出系统的调查和评估,研究率先建设社会主义现代化的任务、指标体系和指导思想。

我们为什么要研究苏南率先建设社会主义现代化问题呢? 我国人民在当代的任务是建设现代化的、民主的、文明的社会主义国家。我国是个拥有十多亿人口、五十六个民族的大国,经济文化落后,东、中、西部发展很不平衡,各地的资源、环境、区位和交通基础设施差别也很大,不可能同步建设社会主义现代化,也不可能同步建成社会主义现代化,而只能阶梯式发展,各个地区达到现代化必然有先有后。从我国现状看,东部沿海地区经济社会发展明显快于中西部地区,特别是以上海为中心的长江三角洲地区、青岛至大连的环渤海湾地区和深圳、珠海、广州地区,离现代化更近。一个地区的社会主义现代化建设当然不可能单独发展,仅是全国的一部分,只能在全国的社会主义现代化建设范围内展开。但在经济、科技、教育、文化、卫生等方面可能先行一步。研究苏南率先现代化,对于探讨社会主义现代化建设规律当然是相对的,但很有意义。

我们认为,由区域现代化达到全国现代化是客观规律,因此研究苏南现代化是必要的、有益的,因为苏南经济社会发展已经实现小康,已开始社会主义现代化建设了,研究苏南现代化很有好处。第一,可以调查研究苏南经济社会发展已经达到的水平和经验,研究探讨经济社会进一步发展的任务、问题和发展方针,研究苏南现代化的各项指标,有利于苏南社会主义现代化建设。第二,苏南率先进行社会主义现代化建设取得成效,能起到探索现代化建设的示范作用,必能鼓舞苏南以至全国人民建设社会主义现代化的信心和勇气,只要团结奋斗,中国必能建成社会主义现代化强国。第三,苏南先行建设社会主义现代化遇到的问题、困难和经验教训,可作为各地区进行社会主义现代化建设的宝贵借鉴,少走弯路;先行者为后继者探路,提供经验教训。第四,苏南率先进行社会主义现代化建设,取得的巨大成果,一部分作为税收上交国家,国家通过转移支付帮助后发地区发展经济和社会事业。苏南率先建设社会主义现代化,关键是坚持实事求是、积极稳步地前进,努力改革,力戒急躁冒进。

我到省委宣传部工作后,一直重视乡镇企业,经常到苏南地区调查乡镇企业,并结识了一批乡镇企业的创始人,市、县、乡镇和村的负责同志。华西村我一年去几次,吴仁宝和我是老朋友。因此,我到省委党校工作期间,写了一本小册子,名为《苏南乡镇企业的崛起》。

苏南工业经济的主要部分是乡镇集体企业,无锡、常州的国有企业原先很强,但在"文革"前很大一部分搬迁到三线去了。乡镇企业发源于"大跃进"时代农村大办工业,制造农具和农业机械,调整中大部分停办了;"文革"中,国有企业停产、半停产,日用工业品出现了买方市场,乡镇工业重新崛起,皇帝的女儿不愁嫁,乡镇工业的产品畅销,农民用从乡镇工业赚的钱,补贴农业,解决农业高产低效的问题,增加收入,这就是"以工补农,以工建农"。为了发展乡镇工业,农民从上海、无锡、常州等国有企业聘请工程师、技术员、老工人在星期天到乡镇企业指导,名曰"礼拜天工程师"。乡镇企业是农民和农村基层干部创办的,不是国家投资兴办的,所以,我在《苏南乡镇企业崛起》一书中,称乡镇企业是社会主义工业化的一支新军,称它为"异军突起",开辟了农村工业化的新道路。这是第一个特点。第二个特点,乡镇企业的原材料、资金、能源、设备、人才、产品销售,都通过市场解决,在计划体制以外运行,所以乡镇企业是我国社会主义市场经济的开拓者、创新者。苏南农民和干部发扬了"四千四万精神"(走遍千山万水,吃尽千辛万苦,讲了千言万语,用了千方万计)。总之,乡镇企业是人民群众创造的,是人民群众首创精神的产物,也是人民群众积极建设社会主义的产物。但是,乡镇企业普遍是传统的纺织、丝绸、普通机械等企业,规模小,设备陈旧,技术含量低,高技术产品、精品少。因此竞争力不高,效益低。苏南建设社会主义现代化,在经济建设上,必须有新观点、新方针,创新发展思路。同时推进教育、科技、文化和社会主义建设。

在江苏省委党校工作期间，我还与几位老师合写了一本书《论县域经济》。我们认为，县是我国政治、经济、社会事业的基层单位，可以获得相对独立的自主权和发展方式，走到发展前列，苏南经济社会的一大特点是各个县（市）都是自行发展的经济强县，人称"小老虎"，每个县都跻身全国百强县，但是这本书写作中，调研不够，内容不充实，影响不大。

邓小平同志1992年视察南方发表南方谈话，推动了第二次思想大解放，推动了深化改革，扩大开放，为建立社会主义市场经济体制作了理论准备，为引进外资扩大了渠道。由江苏省委书记沈达人率领几位省委常委和各个市的市委书记到山东学习考察；由省长陈焕友率领几位副省长和各市的市长到广州等地学习考察。两队调查组回到南京后，得到一个共同的结论：要想富，先修路。于是，江苏省委省政府做出一个决定：修四条高速公路（沪宁高速，宁徐高速，宁连高速，南京至禄口机场高速），新建禄口机场，建设江阴长江大桥。几条高速公路在三四年间完工，这是江苏发展的一件大事，江苏交通由全国落后变为全国领先。苏南进入了利用外资发展的新阶段，还建立了中国新加坡合作的苏州工业园区。昆山、苏州、无锡、常州都建立了开发区或工业园区，推动了经济转型发展，由粗放型转向集约型，由低水平重复建设转向高技术创新型发展。同时，在坚持经济建设中心前提下，加快发展教育、文化、科技、卫生和社会事业。苏南普遍建立了新的小学、中学和医院,首先普及九年制义务教育和高中阶段教育。

在省社科院"苏南现代化"课题组的努力下,在苏南各市、各县县委、各市县政府的合作参与下,出版了《苏南现代化》一书。《苏南现代化》这本书是江苏省社科院课题组的集体创作成果,由贾轸(江苏省社科院党委书记)、严英龙和我三人主编。这是我国区域社会主义现代化建设研究的首例,打开了我国社会主义现代化建设研究的新领域。同时,也确立了江苏省社科院以研究江苏的社会主义现代化建设为中心任务的办院方针,而且培养了科研人才,逐渐使江苏省社科院成为省委、省政府的智库。

三

我连任两届省委常委(1984 年 12 月至 1994 年 12 月),于 1995 年 60 周岁时,转到江苏省政协担任副主席,开始了新的学习和新的工作。省政协的组成包括共产党的代表,各民主党派、工商联的代表,无党派民主人士和工人、农民、妇女、青年、少数民族、宗教界等各界人士的代表。政协的任务是政治协商、参政议政、民主监督。各级政协在共产党领导下工作,省政协有共产党的党组,由省政协的党员主席、副主席组成,负责贯彻党中央、省委的决议、指示。省政协有主席会议、常委会议、全体会议以及几位秘书长,他们协助主席、副主席工作，管理政协机关。省政协有若干个委员会，如提案委员会、经济委员会、教育委员会、科技委员会、文化艺术委员会、医卫体育委员会等，各委员会一般由政协常委担任主任，由一名机关干部担任副主任，有一个办公室，为各界别委员履行政协职能服务。

1993 年参加人代会投票

我认为，政协工作的根本是坚持党的领导，坚定不移地贯彻党的十一届三中全会以来的路线、方针，坚持走中国特色社会主义道路，贯彻党的领导、多党合作的方针，贯彻中共江苏省委的决定、指示，执行政协章程。民主与团结，是政协工作的两大主题。围绕政治协商、参政议政、民主监督开展工作。政协工作，必须尊重政协委员的主体地位，政协是由政协委员组成的，政协机关是为政协委员履行职能服务的。政协工作的关键是尊重政协委员的主体地位，发挥他们履行职能的积极性、创造性；发扬民主是政协工作的焦点，开展政协工作，必须发扬民主，鼓励政协委员敢讲话、讲真话、讲实话，少讲空话。做到"知无不言,言无不尽,言者无罪,问者足戒",贯彻"不打棍子,不戴帽子,不抓辫子"的三不主义,要听得进批评意见、不同意见,一个长期执政的党,能做到没有缺点、错误?一个长期执政的党,最可怕的就是听不得、听不到不同意见。

从全国到地方的各级人民代表大会制度是我国的根本政治制度,从全国到县区的政治协商会议制度是我国的基本政治制度。各级人民代表大会、各级人民政治协商会议,都由中国共产党领导。我常想的问题是:做好政协工作的关键在哪里?调动政协委员的积极性的关键在哪里?在落实、在实践、在效果。政治协商是指共产党与各民主党派、工商联和民主人士代表进行政治协商,就共产党提出的治国理政的大政方针、国民经济五年规划与年度计划、政府主要负责人的人选等,进行民主协商,听取各民主党派、工商联、无党派民主人士的意见、建议,以取得共识。参政议政大体上是全体政协委员与各界政协委员对政府各部门、各领域工作进行研究讨论,提出意见建议;民主监督是对政府各部门的工作提出批评性意见和建议。在政协工作,参政议政与民主监督很难区别。而且,民主监督很难。政协工作还有一个重要方面,即反映社情民意。

做好政协工作,归根到底取决于三个方面。第一,坚持中国共产党的领导,多党合作,民主协商;第二,切实地发扬民主,并把民主协商、参政议政、民主监督的成果落实到实践

在南京汽车制造厂调研

1999 年在企业考察

中,见实效;第三,政协委员以对人民负责的态度,认真履行职能,事先做好调查研究,倾听所联系界别群众的意见和建议,建诤言,献良策。

1998 年,北京大学举行百年校庆,邀请我参加。我带了夫人张丽华、女儿、外孙女、孙子一同到北京去,在当天我领着他们游览了校园,看了校门、办公大楼、未名湖。我参加了北大校友会举办的座谈会,主持此次会议的是邓力群。我也参加了在人民大会堂举办的北大百年校庆大会,就座于主席台,江泽民同志发表长篇讲话。我写了篇文章在校庆期间发表,后被收入北大校庆文集。

2002 年,我参加了在五台山体育场举办的南京大学百年校庆。蒋树声校长主持大会,我就座于主席台,坐在我旁边的是两弹一星元勋程开甲。几位校友获赠金质奖章,我也是其中之一。

在南京大学 100 周年校庆仪式上领奖

2000年，我已65岁，到了退休年龄。退休后，读书、看报，历次全国党代会的报告、决议，历次中央委员会的决定和公报，我都认真学习。我关心的是坚持和发展中国特色社会主义道路，我国社会主义现代化建设的新成就、新经验。

我参加了在广州举办的邓小平"南方谈话"发表二十周年的纪念活动。那次社科院负责同志原本要参加，但临时有事未到会，来的人也不多。发言时没有主席，大家推举我首先讲话，我扼要地讲了邓小平"南方谈话"发表前后的形势，中国要怎样改革、经济体制改革的目标等话题在当年所存在的争论。邓小平的谈话明确回答了这些问题，明确经济改革的目标是建立社会主义市场经济。经济体制是经济的经营

纪念邓小平"南方谈话"发表二十周年研讨会

方式问题,而决定经济性质的是所有制。社会主义有市场,资本主义有计划,市场和计划只是经济运行方式。而且提出三个有利于的标准。党的十四大明确提出经济改革的目标是建立社会主义市场经济体制。中央党校哲学教研室主任庞元正继续做了发言。实际上,我们两人支持了这次会议。

党的十八大以来,我在认真学习党的十八大精神的同时,着重学习习近平总书记发表的系列重要讲话,习近平总

2017 年与爱人、儿子、女儿合影

书记的系列重要讲话，深刻回答了新形势下党和国家事业发展的一系列重大理论和现实问题，提出了许多富有创见的新思想、新观点、新论断、新要求。习近平总书记系列重要讲话内容涵盖改革发展稳定、内政外交、治党治国治军等方方面面，是我们党在新的历史条件下治国理政的行动纲领，是坚持和发展中国特色社会主义的最新理论成果，是我们党和全国人民夺取中国特色社会主义新胜利、实现中华民族伟大复兴中国梦的强大思想武器。我人老了，思想不能僵化，要努力学习，力求跟上祖国前进的步伐！

第五章

马克思主义中国化

马克思主义具有时代特征，又反映国情。马克思主义是在资本主义工业化实现以后、资本主义社会形成、资产阶级夺取政权以后的英国、法国、德国，适应无产阶级解放的需要产生的。三大工人起义是马克思主义产生的社会基础、阶级基础。所以马克思提出只有在几个主要资本主义国家同时发生工人起义，无产阶级革命才能取得胜利。19 世纪末 20 世纪初资本主义转向帝国主义，由商品输出转向资本输出，帝国主义国家瓜分世界。俄国是封建的军事的帝国主义国家，是欧洲帝国主义中最落后的国家。第一次世界大战是欧洲帝国主义之间的重新瓜分殖民地的侵略战争。在第一次世界大战的背景下，列宁提出了社会主义首先可以在落后的资本主义国家一国取得胜利。俄国在一战中惨遭失败，俄国的反动军队在前线作战，首都彼得格勒只有少量的士官学校学生，因此列宁领导的布尔什维克党领导了彼得格勒工人的武装起义。最后，布尔什维克与德国签订了布列斯特和约，割让少量领土以保证政权。之后又组织红军进行了反对白军的斗争，并战胜了 14 个帝国主义国家的武装干涉，建立了苏维埃共和国。因此，各国在运用马列主义指导本国的革命、建设和改革的时候，必须从时代特征出发，尤其从本国的实际出发,创造性地运用马克思列宁主义。马克思列宁主义必须与本国国情相结合,结合时代的特征,才可能取得胜利。

中国共产党是中华民族伟大复兴的领导核心,中国共产党以马克思列宁主义作为理论基础,因此中国共产党运用马列主义指导中国的革命、建设和改革时,必须从中国的实际出发,必须结合时代的特征。理论与实际结合是共产党运用马克思列宁主义必须坚持的基本原则。理论脱离实际就是主观主义、教条主义,违背马克思主义的基本原则就是修正主义、右倾机会主义。马克思主义中国化是马克思主义与中国实际结合的最高成就,它指的是马克思主义与中国革命、建设和改革的某个历史时期的实际结合的综合成果。我们要准确把握马克思主义中国化的内涵,并不是每一项由马克思主义解决我国某个实际问题的成果都可以称作马克思主义中国化。马克思主义中国化必须对中国革命、建设和改革的每一个历史时期做出系统的全面的科学的分析,对国情或社会基本矛盾、主要矛盾有科学的分析,对革命、建设和改革有具体的要求和目标,并做出系统的科学的创造性的理论概括,指出我们前进的道路。例如毛泽东思想,邓小平理论、"三个代表"重要思想、科学发展观,习近平新时代中国特色社会主义思想,就是我国三次马克思主义中国化的伟大成果。第一次成果领导中国人民站起来,第二次使中国人民富起来,第三次将使中国人民强起来,实现中华民族的伟大复兴。

拿毛泽东思想来说,它的内容是:第一,科学地认识国情。旧中国是个半殖民地半封建国家,不同于殖民地也不同于封建国家,更不同于资本主义国家。中国革命的主要任务是反帝反封建反官僚主义,中国革命的领导力量是无产阶级(通过中国共产党)。中国的主要革命力量是广大农民,贫农、雇农、下中农以及小资产者,还包括知识分子。民族资产阶级既反对帝国主义、封建主义和官僚资本主义,又剥削无产阶级和广大劳动者,因此它具有革命和反动的两面性。毛泽东认为,中国革命是新民主主义革命,既不同于资产阶级领导的旧民主主义革命,又不同于社会主义革命。新民主主义的前途是社会主义而不是资本主义。毛泽东认为中国革命的道路是农村包围城市,武装夺取政权。他总结了人民战争的理论和中国革命的战略战术,提出了三大法宝:共产党领导、武装斗争、统一战线,并在不同的历史阶段里面提出了新的政策,其结果是建立了中国共产党领导的人民民主专政的新中国,中国人民从此站起来了。1953 年开始,毛主席领导了三大改造,对农业、手工业、资本主义工商业实行社会主义改造,建立了社会主义制度,开辟了社会主义道路。

邓小平在继承社会主义革命胜利成果的基础上,通过领导真理标准大讨论,重新确立解放思想、实事求是的思想路线,批判了个人崇拜和教条主义。他的总的路线是以经济建设为中心,两个基本点是改革开放和坚持四项基本原则。邓小平理论对国情的基本判断是,我国将长期处于社会主义初级阶段。作为改革开放的总设计师,他提出改革应该符合三个有利于的标准：有利于中国经济发展，有利于中国国力的提高，有利于人民生活水平的提高。在农村坚持集体所有制的基础上，实行家庭联产承包责任制改革，把土地使用权交给农民，建立以公有制（包括集体所有制和国有制）为基础，多种所有制共存的发展方式。对公有经济实行经营方式的改革，并最终提出了建立社会主义市场经济体制的目标。邓小平的改革注重发挥人民群众的主体地位和首创精神，以人民群众的实践（家庭联产承包责任制，允许回城知青发展个体经济，苏南乡镇企业）作为顶层设计的依据。在党的领导之下，在人民群众的创新精神和积极实践之下，中国摸索出了适合自己的改革开放方式和发展道路。改革开放使中国人民富起来了。

　　党的十八大以来，习近平总书记从党的建设入手，推行八项规定，肃贪反腐，深得党心民心。并且提出了"四个全面"战略布局。四个全面就是全面建成小康社会、全面深化改革、全面依法治国、全面从严治党。全面建成小康社会和全面建成社会主义现代化强国是新时代坚持和发展中国特色社会主义的两个阶段的战略目标，全面实现小康，要求不漏一户、不漏一人，精准扶贫，真扶贫、扶真贫。十九大报告对我国社会主要矛盾做出了新的概括——人民日益增长的美好生活需要和不平衡不充分的发展之间的矛盾。这要求必须坚持以人民为中心的发展思想，不断促进人的全面发展、全体人民共同富裕。全面深化改革是新时代坚持和发展中国特色社会主义的必由之路和根本动力，新时代中国特色社会主义思想"明确全面深化改革总目标是完善和发展中国特色社会主义制度、推进国家治理体系和治理能力现代化"，这要求继续坚定不移地推动农村农业改革和供给侧改革等。全面依法治国是新时代坚持和发展中国特色社会主义的基本方略和法治保障，十九大报告"明确全面推进依法治国总目标是建设中国特色社会主义法治体系、建设社会主义法治国家"。全面从严治党是新时代坚持和发展中国特色社会主义的关键所在和政治保证。

十九大报告中提出："十八大以来，国内外形势变化和我国各项事业发展都给我们提出了一个重大时代课题，这就是必须从理论和实践结合上系统回答新时代坚持和发展什么样的中国特色社会主义、怎样坚持和发展中国特色社会主义，包括新时代坚持和发展中国特色社会主义的总目标、总任务、总体布局、战略布局和发展方向、发展方式、发展动力、战略步骤、外部条件、政治保证等基本问题。"习近平新时代中国特色社会主义思想的内容就是对这一系列重大实际问题的回应。建设中国特色社会主义的总任务是实现社会主义现代化和中华民族伟大复兴，这同时也是新时代中国特色社会主义的总任务。中国特色社会主义事业的总体布局是经济、政治、文化、社会和生态文明建设的"五位一体"，战略布局是"四个全面"，强调坚定道路自信、理论自信、制度自信、文化自信。

在国防和军队建设方面，"明确党在新时代的强军目标是建设一支听党指挥、能打胜仗、作风优良的人民军队，把人民军队建设成为世界一流军队"。在对外关系方面，"明确中国特色大国外交要推动构建新型国际关系，推动构建人类命运共同体"。坚持走和平发展道路，积极推进共商、共建、共享的"一带一路"倡议，努力寻求同各方利益的汇合点，通过务实合作促进合作的互利共赢，将"一带一路"建成和平之路、繁荣之路、开放之路、创新之路、文明之路。党的十八大以来，习近平总书记还就做好"三农"工作作出了一系列重要论述，提出了一系列新理念新思想新战略。这些新理念新思想新战略是我们党"三农"理论创新的最新成果，是习近平新时代中国特色社会主义思想的重要组成部分，是指导过去5年我国农业农村改革取得新突破、农村承包地"三权分置"取得重大进展、农村集体产权制度改革稳步推进的行动指南。

2018年3月11日下午，十三届全国人大一次会议第三次全体会议经过投票表决，高票通过了《中华人民共和国宪法修正案》。宪法修正案的顺利通过，顺应了时代潮流，反映了党心和民心，集中体现了党的十九大精神，为新时代中国特色社会主义现代化事业的顺利推进奠定了坚实的法律基础。这是因为，宪法只有不断适应新形势、吸纳新经验、确认新成果、作出新规范，才具有持久生命力。宪法修改，目的是通过修改使我国宪法更好体现人民意志，更好体现中国特色社会主义制度的优势，更好适应推进国家治理体系和治理能力现代化的要求。通过修改宪法，将"习近平新时代中国特色社会主义思想"作为指导思想载入宪法，及时确立了习近平新时代中国特色社会主义思想在国家政治和社会生活中的指导地位；赋予监察委员会宪法地位，完善国家主席任期任职制度，可以使得宪法作为根本法更好地为改革开放和社会主义现代化建设的实践服务，使得宪法具有与时俱进的品格，从而推动党和国家事业不断蓬勃发展，为实现中华民族伟大复兴的中国梦奠定坚实的法律基础。此次人代会上，习近平同志以全票当选中华人民共和国主席和中央军委主席，反映了全国人民共同的心愿和意志，得到了全党全国人民的一致拥护。各级人民代表大会及县级以上各级人民代表大会常务委员会选举或者决定任命的国家工作人员，以及各级人民政府、监察委员会、人民法院、人民检察院任命的国家工作人员，在就职时应当公开进行宪法宣誓，表示忠于宪法。习近平同志就任中华人民共和国主席和中央军委主席时，向宪法宣誓，起了表率作用。

党的十九大对深化机构改革作出重要决策部署，十九届三中全会审议通过了《中共中央关于深化党和国家机构改革的决定》和《深化党和国家机构改革方案》，十三届全国人大一次会议3月17日表决通过了关于国务院机构改革方案的决定，批准了这个方案。此次改革总的考虑是，着眼于转变政府职能，坚决破除体制机制弊端，围绕推动高质量发展,建设现代化经济体系,加强和完善政府经济调节、市场监管、社会管理、公共服务、生态环境保护职能。同时,结合新的时代条件和实践要求,着力推进重点领域和关键环节的机构职能优化和调整,构建起职责明确、依法行政的政府治理体系,增强政府执行力,加快建设人民满意的服务型政府。

党的十九大报告作出了"中国特色社会主义进入新时代,我国社会主要矛盾已经转化为人民日益增长的美好生活需要和不平衡不充分的发展之间的矛盾"的重大论断。国务院机构改革要不断满足人民日益增长的美好生活需要,解决不平衡不充分的发展带来的问题。坚持以人民为中心不能停留在理念层面,必须要落实到经济社会发展实践中。这就需要加强制度建设,通过深化党和国家机构改革,健全人民当家做主的制度体系,为人民依法管理国家事务、管理经济文化事业、管理社会事务提供更有效的形式和更有力的保障。

新一轮党和国家机构改革,符合事权统一、加强协调联动的原则,重塑了新的发展格局,有助于贯彻落实新发展理念,进一步加快中国发展。这次机构改革是一次全面的改革,也正是"将改革进行到底"的体现。其中,中央和各级监察委的设立尤为引人注目。监察委的任务是对全体公职人员进行监督,包括党外人士,所以它是全方位不留死角进行反腐败斗争的国家机构。全方位推进机构改革,必将为中国发展注入强劲动力,为实现中华民族伟大复兴提供不可或缺的制度保障。

马克思主义中国化是马克思主义与中国某一历史时期的实际相结合的、理论联系实际的、综合性的高水平的创造性的成果。它要科学地回答这个历史时期的主要矛盾、基本国情,并且要为中国人民选择科学的道路、方针、政策。

不忘初心,牢记使命,继续前行。

附录

实践是检验真理的标准

原载《走向思想解放之路》,南京大学出版社 1998 年版。

1845 年,马克思在创立新世界观时,就提出了检验真理的实践标准:"人的思维是否具有客观的真理性,这并不是一个理论的问题,而是一个实践的问题。人应该在实践中证明自己思维的真理性,即自己思维的现实性和力量,亦即自己思维的此岸性。关于离开实践的思维是否具有现实性的争论,是一个纯粹经院哲学的问题。"①一个理论,是否正确反映了客观对象,是不是真理,不能在思维的范围内解决,不能靠理论争论解决,只能靠社会实践的检验来解决。这是马克思主义哲学的一个基本原则,也是它的一个特征。

一

实践检验真理,就是运用关于事物的理论去指导实践,改造客观事物。一般说,如果在实践中达到了预期的目的,取得了胜利,那就证明这个理论符合客观规律,是真理;如果

---

① 《马克思恩格斯选集》第 1 卷,第 16 页。

不能达到预期的目的，失败了，那就证明这个理论不符合客观规律，是错误的理论。实践标准区别真理与谬误，证实真理，否定谬论。自然，实践标准也是辩证的。列宁说："生活、实践的观点，应该是认识论的首先的和基本的观点。这种观点必然会导致唯物主义，而把教授的经院哲学的无数臆说一脚踢开。当然，在这里不要忘记：实践标准实质上绝不能完全地证实或驳倒人类的任何表象。这个标准也是这样的'不确定'，以便不至于使人的知识变成'绝对'，同时它又是这样的确定，以便同唯心主义和不可知论的一切变种进行无情斗争。"①实践是发展的。每个时代的社会实践都有历史局限性。因此，每个时代都有一些理论问题是当时的实践解决不了的，既不能证实，又不能否定。但是，今天的实践回答不了的，以后的实践一定能解决。任何理论，是真理还是谬论，归根到底要由实践来检验。社会实践是真理与谬论的试金石。只有社会实践才能彻底粉碎唯心论、不可知论和一切谬论。只有社会实践才能树立真理的权威。因为，唯有实践才能使理论与客观事物相比较，判别理论是否符合客观事物的本质。

毛主席指出："真理只有一个，而究竟谁发现了真理，不依靠主观的夸张，而依靠客观的实践。只有千百万人民的革命实践，才是检验真理的尺度。"②这就告诉我们，不仅自吹自

---

① 《唯物主义与经验批判主义》，人民出版社 1960 年版，第 134～135 页。
② 《毛泽东选集》第 2 卷，第 623 页。

擂证明不了真理,大规模的宣传证明不了真理,许多人的赞成证明不了真理,强大的权力证明不了真理,而且已被过去实践证明了的真理,也不是今天检验真理的标准。因为,任何客观事物都是共性与个性的统一。不同事物和事物发展的不同阶段都有矛盾的特殊性。各门科学都有自己的研究对象,反映不同对象的特殊规律。真理是具体的,是对研究对象的全面的、本质的、规律性的正确反映。关于客观世界的普遍规律的学说,不能检验各个具体的理论,因为普遍真理并不包括具体事物的特殊规律。唯物辩证法是自然、社会、思维的最一般规律的科学,是指导人们研究客观事物的世界观、方法,然而它绝不是论证的工具。一个具体事物的真理,证明不了另一个具体事物的理论,因为每个事物都有特殊规律。平面几何学检验不了里曼几何学,因为二者的研究对象不同;牛顿力学不能检验量子力学,因为各自研究范围不一样。在社会科学中,有些结论虽然不同,却都是真理。例如,对于被侵略、被压迫的国家来说,保卫祖国是真理;对于侵略的帝国主义国家的工人阶级来说,工人无祖国是真理。这两个论点要互相证明是不可能的,都要由实践检验。马克思主义关于无产阶级革命必须在几个主要的资本主义国家同时胜利的结论,与列宁关于无产阶级革命可以首先在一个国家取得胜利的结论,都是真理。前者是在资本主义自由竞争时代讲的,后者是在帝国主义和无产阶级革命的时代讲的。情况不同,结论也不同,不能用前者检验后者,它们都由实践证实。十月革命是在大城市举行武装起义取得胜利的,中国的机会主义者以此为根据,要在中国搞大城市武装起义,结果总是失败,前者证明不了后者,只能由实践回答问题。事物是发展变化的,事物的性质变化,理论也随之变化,过去的科学结论证明不了当前的结论,一切以时间、地点、条件为转移。科学原理不是检验真理的标准,因为它还是在理论的范围内,不能回答理论是否符合它的客观对象的问题。如果说科学原理可以作为检验真理的标准,那无非是说关于一切事物的真理都已包括在已知的科学原理里面了,这是形而上学;那无非是说实践标准"过时了",这只能导致唯心主义。

毛主席指出:"理论与实践的统一,是马克思主义的一个最基本的原则。按照辩证唯物论,思想必须反映客观实际,并且在客观实践中得到检验,证明是真理,这才算是真理,不然就不算。"[①]不管是自然科学理论,还是社会科学理论,都必须经过实践证明,才算真理,才算科学,否则是不算的。以自然科学为例,哥白尼的太阳系学说在三百年里一直是一种假说。尽管这个假说具有百分之九十九、百分之九十九点九、百分之九十九点九九的可靠性,尽管可以相信它是真理,但在实践证实以前毕竟是一种假说,并不是真理;而当勒维烈从这个太阳系学说所提供的数据,不仅推算出一定还存在一

––––––––––––––––

① 《毛泽东选集》第 5 卷,第 297 页。

个尚未知道的行星,而且还推算出这个行星在太空中的位置的时候,当加勒于1846年确实发现了海王星这颗行星的时候,哥白尼的太阳系学说就被证实了,成了真理。自然科学的真理,都要经过实践证实。那么,马克思主义要不要经过实践检验呢?同样必须经过社会实践检验,而且确实经过了千百万群众的长期实践的检验。毛主席说:"马克思列宁主义之所以被称为真理,也不但在于马克思、恩格斯、列宁、斯大林等人科学地构成这些学说的时候,而且在于为尔后革命的阶级斗争和民族斗争的实践所证实的时候。辩证唯物论之所以为普遍真理,在于经过无论什么人的实践都不能逃出它的范围。"①马克思主义是真理,绝不是自封的。它原是工人运动中的一个派别,一无权,二无势,开始并不出名,反动派围攻它,资产阶级学者反对它,其他的社会主义流派攻击它,但是,长期的三大革命实践证明了马克思主义是真理,终于成为国际共产主义运动的指导思想。20世纪初,第二国际的头面人物是考茨基,列宁主义者是少数派。十月革命和各国无产阶级革命的实践证明列宁主义是真理,宣告了第二国际修正主义的破产。中国革命几十年的实践,证明毛泽东思想是真理,粉碎了资产阶级理论和党内的机会主义。历史告诉我们,马克思主义在其发展过程中的每一个新思想、新结

---

① 《毛泽东选集》第1卷,第269页。

论、新观点，都必须经过社会实践的证实，才能成为真理。这是无条件的，过去如此，现在和将来还是如此。

二

马克思主义的导师提出了检验真理的实践标准，并自觉运用实践标准检验自己的理论，发展理论，以至修改个别结论。马克思主义的发展史，就是从实践获得理论、用实践检验理论、用理论指导实践的历史。现在来看看马克思、恩格斯是怎样根据实践来检验《共产党宣言》的。1848 年《共产党宣言》发表后，他们在 45 年中一直根据实践来检验《共产党宣言》，《共产党宣言》的七篇序言是生动的说明。1872 年，马克思、恩格斯在德文版序言指出："不管最近 25 年来的情况发生了多大的变化，这个《共产党宣言》中所发挥的一般基本原理整个说来直到现在还是完全正确的。"[①]这是根据 25 年阶级斗争实践检验的结论。在 7 篇《序言》中，他们根据国际共产主义运动的发展，总结了一系列的新经验。特别是，他们根据无产阶级革命实践和新的事实材料，对个别结论作了修改。这里举一个例子。《共产党宣言》第一章第一句是："到目前为止的一切社会的历史都是阶级斗争的历史。"恩格斯在 1888 年的《共产党宣言》英文版上，加了一条注释："确切地

---

① 《马克思恩格斯选集》第 1 卷，第 228 页。

说,这是指有文字记载的历史。在 1847 年,社会的史前状态,全部成文史以前的社会组织,几乎还完全没有人知道。后来,哈克斯特豪森发现了俄国的土地公有制,毛勒证明了这种所有制是一切条顿族的历史发展所由起始的社会基础,而且人们逐渐发现,土地公有的村社是从印度起到爱尔兰止各地社会的原始形态。最后,摩尔根发现了氏族的真正本质及其对部落的关系,这一卓绝发现把这种原始共产主义社会的内部组织的典型形式揭示出来了。随着这种原始公社的解体,社会开始分裂为各个独特的、终于彼此对立的阶级。"①这个为恩格斯后来多次谈到的重要修改,把上百万年的无阶级社会与几千年的阶级社会区别开来了,说明了阶级是一定历史阶段的产物。马克思、恩格斯对《共产党宣言》的态度,表明了他们是怎样严肃地对待自己的学说的。他们并不认为自己的学说一开头就是完美的,决没有把它看作是"绝对真理",而始终用辩证法观点看待自己的学说,用实践来检验自己的理论。他们虚心吸取别人的科学成果,包括资产阶级学者所提供的事实材料。他们提出了检验真理的实践标准,并身体力行,始终用实践来检验自己的理论,证实、丰富、修改自己的观点。他们毫无偏见,尊重实践、尊重事实、尊重科学,是他们唯一的态度。马克思主义首先是科学,所以才能成为无产阶级改造世界的强大思想武器。科学的态度是实

---

① 《马克思恩格斯选集》第 1 卷,第 251 页。

事求是的态度。马克思主义与任何盲从、迷信是水火不相容的。哪里有盲从，哪里有迷信，哪里就没有科学，哪里就没有马克思主义。马克思主义强调实践是检验真理的标准，就是承认我们的认识可能犯错误，需要由实践来纠正。如果认为认识是不犯错误的，也就取消了实践标准。毛主席指出："人类认识的历史告诉我们，许多理论的真理性是不完全的，经过实践的检验而纠正了它们的不完全性。许多理论是错误的，经过实践的检验而纠正其错误。"①

三

机会主义以理论与实践相分裂为特征。在我党的历史上，王明、林彪、王张江姚"四人帮"表现得尤其突出。他们把马克思主义的词句唱得最响，反对马克思主义最为猖狂。神学家是公开宣传宗教教条，王明、林彪、"四人帮"是披着马克思主义外衣宣传宗教教条。他们都否认马克思主义来源于实践，否认马克思主义要在实践中受检验，在实践中丰富、发展。王明反对实事求是、调查研究，否认理论与实践统一，把马克思主义的个别词句当作教条。毛主席一针见血地批判王明说："我们的同志必须明白，我们学马克思列宁主义不是为着好看，也不是因为它有什么神秘，只是因为它是领导无

①《毛泽东选集》第1卷，第269页。

产阶级革命事业走向胜利的科学。直到现在,还有不少的人,把马克思列宁主义书本上的某些个别字句看作现成的灵丹圣药,似乎只要得了它,就可以不费气力地包医百病。这是一种幼稚者的蒙昧,我们对这些人应该作启蒙运动。那些将马克思主义当宗教教条看待的人,就是这种蒙昧无知的人。"①王明把马克思的个别词句当作灵丹圣药、宗教教条,使革命根据地丧失了百分之九十,革命力量丧失百分之九十以上,使中国革命面临绝境,到此地步,王明的机会主义路线才被克服。30多年后,林彪反党集团和王张江姚"四人帮"搞得比王明还凶。叛徒林彪鼓吹天才论,否认马列主义、毛泽东思想来源于三大革命实践,宣扬"句句是真理,一句顶一万句",否认毛主席的指示需要到实践中检验、丰富、发展,反对实践标准。毛主席痛斥了林彪的唯心论和先验论。与林彪合伙的"四人帮",唯心主义横行,疯狂反对辩证唯物论和历史唯物论,根本否认实践标准。姚文元攻击"存在第一、思维第二,客观第一、主观第二"是"反动的形而上学",宣扬精神第一的唯心主义,完全否认了理论来源于实际,否认了理论要受实际检验。他还宣扬"没有审美能力,也就无所谓美丑之别"的谬论,把主观意识当作区别美丑的标准。张春桥在一次座谈会上公开鼓吹"认识——实践——认识"、"理论——实践——理论"的反动公式,更是明目张胆地反对实

---

① 《毛泽东选集》第3卷,第778页。

践是认识的基础。"四人帮"鼓吹"反经验主义为纲",否认实践经验,把广大干部、广大群众的实践经验污蔑为"陈规旧习"。一句话,他们鼓吹主观唯心论,反对以实践为基础的马克思主义认识论,否认真理的实践标准。尤其反动的是,"四人帮"肆意歪曲和篡改毛泽东思想,把毛主席的一言半语与毛泽东思想体系割裂开来;抛弃毛泽东思想体系,任意摘取片言只语,把它当作宗教教条,到处吓人、打人。认为马列主义、毛泽东思想是革命的科学,还是把它当作宗教教条,这是一个根本的分歧。"四人帮"把马列主义、毛泽东思想当作宗教教条,跟王明把马列主义当作宗教教条完全一样。"四人帮"背叛实践标准,迷信"强权即真理"、"造谣一千遍就是真理"的法西斯哲学,使用他们控制的宣传机器,大造反革命舆论,把实践中证明了的真理攻击为修正主义,把在实践中破产了的东西吹捧为真理;全盘否定解放后 17 年的社会主义革命和建设的伟大实践,全盘否定毛主席亲自缔造的中国共产党的 50 多年的伟大实践,篡改历史、颠倒是非、捏造罪名、制造谣言,陷害周总理等老一辈无产阶级革命家和广大革命同志。"四人帮"的真理标准就是他们篡党夺权的野心。但是,实践标准是客观的,千百万人民群众的实践,不仅是证实真理的最有力的手段,也是宣判修正主义和一切谬论死刑的最高权威。在亿万人民的革命实践面前,"四人帮"的反革命修正主义彻底破产了,被扫进了历史的垃圾堆。

实践是检验真理的唯一标准

原载《光明日报》1978 年 5 月 11 日

检验真理的标准是什么？这是早被无产阶级的革命导师解决了的问题。但是这些年来，由于"四人帮"的破坏和他们控制下的舆论工具大量的歪曲宣传，把这个问题搞得混乱不堪。为了深入批判"四人帮"，肃清其流毒和影响，在这个问题上拨乱反正，十分必要。

检验真理的标准只能是社会实践

怎样区别真理与谬误呢？1845 年，马克思就提出了检验真理的标准问题："人的思维是否具有客观的真理性，这并不是一个理论的问题，而是一个实践的问题。人应该在实践中证明自己思维的真理性，即自己思维的现实性和力量，亦即自己思维的此岸性。关于离开实践的思维是否具有现实性的争论，是一个纯粹经院哲学的问题。"[①]这就非常清楚地告诉我们，一个理论，是否正确反映了客观实际，是不是真理，只能靠社会实践来检验。这是马克思主义认识论的一个基

[①]《马克思恩格斯选集》第 1 卷，第 16 页。

本原理。

实践不仅是检验真理的标准,而且是唯一的标准。毛主席说:"真理只有一个,而究竟谁发现了真理,不依靠主观的夸张,而依靠客观的实践。只有千百万人民的革命实践,才是检验真理的尺度。"①"真理的标准只能是社会的实践。"②这里说:"只能"、"才是",就是说,标准只有一个,没有第二个。这是因为,辩证唯物主义所说的真理是客观真理,是人的思想对于客观世界及其规律的正确反映。因此,作为检验真理的标准,就不能到主观领域内去寻找,不能到理论领域内去寻找,思想、理论自身不能成为检验自身是否符合客观实际的标准,正如在法律上原告是否属实,不能依他自己的起诉为标准一样。作为检验真理的标准,必须具有把人的思想和客观世界联系起来的特性,否则就无法检验。人的社会实践是改造客观世界的活动,是主观见之于客观的东西。实践具有把思想和客观实际联系起来的特性。因此,正是实践,也只有实践,才能够完成检验真理的任务。科学史上的无数事实,充分地说明了这个问题。

门德列捷夫根据原子量的变化,制定了元素周期表,有人赞同,有人怀疑,争论不休。尔后,根据元素周期表发现了几种元素,它们的化学特性刚好符合元素周期表的预测。这

①《新民主主义论》。
②《实践论》。

样,元素周期表就被证实了是真理。哥白尼的太阳系学说在三百年里一直是一种假说,而当勒维烈从这个太阳系学说所提供的数据,不仅推算出一定还存在一个尚未知道的行星,而且还推算出这个行星在太空中的位置的时候,当加勒于1846 年确实发现了海王星这颗行星的时候,哥白尼的太阳系学说才被证实了,成了公认的真理。

马克思主义之所以被承认为真理,正是千百万群众长期实践证实的结果。毛主席说:"马克思列宁主义之所以被称为真理,也不但在于马克思、恩格斯、列宁、斯大林等人科学地构成这些学说的时候,而且在于为尔后革命的阶级斗争和民族斗争的实践所证实的时候。"①马克思主义原是工人运动中的一个派别,开始并不出名,反动派围攻它,资产阶级学者反对它,其他的社会主义流派攻击它,但是,长期的革命实践证明了马克思主义是真理,终于成为国际共产主义运动的指导思想。

检验路线之正确与否,情形也是这样。马克思主义政党在制订自己的路线时,当然要从现实的阶级关系和阶级斗争的情况出发,依据革命理论的指导并且加以论证。但是,国际共产主义运动和各个革命政党的路线是否正确,同样必须由社会实践来检验。20 世纪初,国际共产主义运动和俄国工人运动中,都发生了列宁的马克思主义路线与第二国际修正

---

① 《实践论》。

主义路线的激烈斗争,那时第二国际的头面人物是考茨基,列宁主义者是少数,斗争持续了很长一个时间。俄国十月革命和各国无产阶级革命的实践证明列宁主义是真理,宣告了第二国际修正主义路线的破产。

毛泽东思想是马克思列宁主义普遍真理与中国革命具体实践相结合的产物。毛主席的革命路线与"左"、右倾机会主义路线进行了长期的斗争。在一个时期内,毛主席的革命路线没有占主导地位。长期的革命斗争,成功的经验和失败的教训,从正反两个方面证明毛主席的革命路线是正确的,而"左"、右倾机会主义路线是错误的。标准是什么呢?只有一个:就是千百万人民的社会实践。

理论与实践的统一,是马克思主义的一个最基本的原则

有的同志担心,坚持实践是检验真理的唯一标准,会削弱理论的意义。这种担心是多余的。凡是科学的理论,都不会害怕实践的检验。相反,只有坚持实践是检验真理的唯一标准,才能够使伪科学、伪理论现出原形,从而捍卫真正的科学与理论。这一点,对于澄清被"四人帮"搞得非常混乱的理论问题,具有特别重要的意义。

"四人帮"出于篡党夺权的反革命需要,鼓吹种种唯心论的先验论,反对实践是检验真理的标准。例如,他们炮制"天才论",捏造文艺、教育等各条战线的"黑线专政"论,伪造老

干部是民主派、民主派必然变成走资派的"规律",胡诌社会主义生产关系"是产生新的资产阶级分子的经济基础"的谬论,虚构儒法斗争继续到现在的无稽之谈等等。所有这些,都曾经被奉为神圣不可侵犯的所谓"理论",谁反对,就会被扣上反对马列主义、反对毛泽东思想的大帽子。但是,这些五花八门的谬论,根本经不起革命实践的检验,它们连同"四人帮"另立的"真理标准",一个个都像肥皂泡那样很快破灭了。这个事实雄辩地说明,他们自吹自擂证明不了真理,大规模的宣传证明不了真理,强权证明不了真理。他们以马列主义、毛泽东思想的"权威"自居,实践证明他们是反马列主义、反毛泽东思想的政治骗子。

马列主义、毛泽东思想之所以有力量,正是由于它是经过实践检验了的客观真理,正是由于它高度概括了实践经验,使之上升为理论,并用来指导实践。正因为这样,我们要非常重视革命理论。列宁指出:"没有革命的理论,就不会有革命的运动。"[1]理论所以重要,就是在于它来源于实践,又能正确指导实践,而理论到底是不是正确地指导了实践以及怎样才能正确地指导实践,一点也离不开实践的检验。不掌握这个精神实质,那是不可能真正发挥理论的作用的。

有的同志说,我们批判修正主义,难道不是用马列主义、毛泽东思想去衡量,从而证明修正主义是错误的吗?我们

---

[1]《列宁选集》第1卷,第241页。

说,是的,马列主义、毛泽东思想是我们批判修正主义的锐利武器,也是我们论证的根据。我们用马列主义、毛泽东思想的基本原理去批判修正主义,这些基本原理是马、恩、列、斯和毛主席从革命斗争的实践经验概括起来的,它们被长期的实践证明为不易之真理;但同时我们用这些原理去批判修正主义,仍然一点也不能离开当前的(和过去的)实践,只有从实践经验出发,才能使这些原理显示出巨大的生命力;我们的批判只有结合大量的事实分析,才有说服力。不研究实践经验,不从实践经验出发,是不能最终驳倒修正主义的。

客观世界是不断发展的,实践是不断发展的。新事物、新问题层出不穷,这就需要在马克思主义一般原理指导下研究新事物、新问题,不断作出新的概括,把理论推向前进。这些新的理论概括是否正确由什么来检验呢?只能用实践来检验。例如,列宁关于帝国主义时代个别国家或少数国家可以取得社会主义革命胜利的学说,是一个新的结论,这个结论正确不正确,不能用马克思主义关于资本主义的一般理论去检验,只有帝国主义时代的实践,第一次世界大战和十月革命的实践,才能证明列宁这个学说是真理。

毛主席说:"理论与实践的统一,是马克思主义的一个最基本的原则。"①坚持实践是检验真理的唯一标准,就是坚持马克思主义,坚持辩证唯物主义。

①《毛泽东选集》第5卷,第297页。

革命导师是坚持用实践检验真理的榜样

革命导师们不仅提出了实践是检验真理的唯一标准,而且亲自作出了用实践去检验一切理论包括自己所提出的理论的光辉榜样。马克思和恩格斯对待他们所共同创造的著名的马克思主义科学文献《共产党宣言》的态度,就是许多事例当中的一个生动的例子。1848 年《宣言》发表后,在 45 年中马克思和恩格斯一直在用实践来检验它。《宣言》的 7 篇序言,详细地记载了这个事实。首先,马克思恩格斯指出:"不管最近二十五年来的情况发生了多大的变化,这个《宣言》中所发挥的一般基本原理整个说来直到现在还是完全正确的。"同时,他们又指出,"这些基本原理的实际运用,正如《宣言》中所说的,随时随地都要以当时的历史条件为转移。"[①]马克思和恩格斯根据新实践的不断检验,包括新的历史事实的发现,曾对《宣言》的个别论点作了修改。例如,《宣言》第一章的第一句是:"到目前为止的一切社会的历史都是阶级斗争的历史。"恩格斯在 1888 年的《宣言》英文版上加了一条注释:"确切地说,这是指有文字记载的历史。"[②]这是因为,《宣言》发表以后人们对于社会的史前史有了进一步的认识,特

[①]《马克思恩格斯选集》第 1 卷,第 228 页。
[②]《马克思恩格斯选集》第 1 卷,第 251 页。

别是摩尔根的调查研究证明：在阶级社会以前，有一个很长的无阶级社会；阶级是社会发展到一定历史阶段的产物，并非从来就有的。可见，说"一切社会的历史都是阶级斗争的历史"，并不确切。恩格斯根据新发现的历史事实，作了这个说明，修改了《宣言》的旧提法。《宣言》还有一个说法，说到无产阶级要用暴力革命夺取政权，以推翻资产阶级。1872年，两位革命导师在他们共同签名的最后一篇序言中，明确指出："由于最近二十五年来大工业已有很大发展而工人阶级的政党组织也跟着发展起来，由于首先有了二月革命的实际经验而后来尤其是有了无产阶级第一次掌握政权达两月之久的巴黎公社的实际经验，所以这个纲领现在有些地方已经过时了。特别是公社已经证明：'工人阶级不能简单地掌握现成的国家机器，并运用它来达到自己的目的。'"[1]列宁对马克思和恩格斯的这个说明十分重视，他认为这是对《共产党宣言》的一个"重要的修改"。[2]

正如华主席所指出的："毛主席从来对思想理论问题采取极其严肃和慎重的态度，他总是要让他的著作经过一段时间的实践的考验以后再来编定他的选集"。毛主席一贯严格要求不断用革命实践来检验自己提出的理论和路线。1955

---

[1]《马克思恩格斯选集》第 1 卷，第 229 页。
[2]《列宁选集》第 3 卷，第 201 页。

年毛主席在编辑《中国农村的社会主义高潮》一书的时候,写了104篇按语。当时没有预料到1956年以后国际国内所发生的阶级斗争的新情况。因此,1958年在重印一部分按语的时候,毛主席特别写了一个说明,指出这些按语"其中有一些现在还没有丧失它们的意义。其中说:1955年是社会主义与资本主义决战取得基本胜利的一年,这样说不妥当。应当说:1955年是在生产关系的所有制方面取得基本胜利的一年,在生产关系的其他方面以及上层建筑的某些方面即思想战线方面和政治战线方面,则或者还没有基本胜利,或者还没有完全胜利,还有待于尔后的努力。"①

革命导师这种尊重实践的严肃的科学态度,给我们极大的教育。他们并不认为自己提出的理论是已经完成了的绝对真理或"顶峰",可以不受实践检验的;并不认为只要是他们作出的结论不管实际情况如何都不能改变;更不要说那些根据个别情况作出的个别论断了。他们处处时时用实践来检验自己的理论、论断、指示,坚持真理,修正错误,尊重实践,尊重群众,毫无偏见。他们从不容许别人把他们的言论当作"圣经"来崇拜。毫无疑义,马克思主义的基本原理,马克思主义的立场、观点和方法,必须坚持,绝不能动摇;但是,马克思主义的理论宝库并不是一堆僵死不变的教条,它要在

---

① 《毛泽东选集》第5卷,第225页。

实践中不断增加新的观点、新的结论,抛弃那些不再适合新情况的个别旧观点、旧结论。关于哲学,毛主席曾经说过:现在,我们已经进入社会主义时代,出现了一系列新的问题,如果只有几篇原有的哲学著作,不适应新的需要,写出新的著作,形成新的理论,那是不行的。实践、生活的观点是认识论的首要的和基本的观点。实践、生活之树是长青的。正是革命导师的这种坚持实践是检验真理的唯一标准的辩证唯物主义立场,才保证了马克思主义的不断发展,而永葆其青春。

任何理论都要不断接受实践的检验

我们不仅承认实践是真理的标准,而且要从发展的观点看待实践的标准。实践是不断发展的,因此作为检验真理的标准,它既具有绝对的意义,又具有相对的意义。就一切思想和理论都必须由实践来检验这一点讲,它是绝对的、无条件的;就实践在它发展的一定阶段上都有其局限性,不能无条件地完全证实或完全驳倒一切思想和理论这一点来讲,它是相对的、有条件的;但是,今天的实践回答不了的问题,以后的实践终究会回答它,就这点来讲,它又是绝对的。列宁说:"当然,在这里不要忘记:实践标准实质上绝不能完全地证实或驳倒人类的任何表象。这个标准也是这样的'不确定',以便不至于使人的知识变成'绝对',同时它又是这样的确定,以便同唯心主义和不可知论的一切变种进行无情的斗争。"①

　　辩证唯物主义认识论关于实践标准的绝对性和相对性辩证统一的观点,就是任何思想、任何理论必须无例外地、永远地、不断地接受实践的检验的观点,也就是真理发展的观点。任何思想、理论,即使是已经在一定的实践阶段上证明为真理,在其发展过程中仍然要接受新的实践的检验而得到补充、丰富或者纠正。毛主席指出:"人类认识的历史告诉我们,许多理论的真理性是不完全的,经过实践的检验而纠正了它们的不完全性。许多理论是错误的,经过实践的检验而纠正其错误。"又指出:"客观现实世界的变化运动永远没有完结,人们在实践中对于真理的认识也就永远没有完结。马克思列宁主义并没有结束真理,而是在实践中不断地开辟认识真理的道路。"②马克思主义强调实践是检验真理的标准,强调在实践中对于真理的认识永远没有完结,就是承认我们的认识不可能一次完成或最终完成,就是承认由于历史的和阶级的局限性,我们的认识可能犯错误,需要由实践来检验,凡经实践证明是错误的或者不符合实际的东西,就应当改变,不应再坚持。事实上这种改变是常有的。毛主席说:"真正的革命的指导者,不但在于当自己的思想、理论、计划、方

---

①《列宁选集》第 2 卷,第 142 页。
②《实践论》。

案有错误时须得善于改正"，"而且在于当某一客观过程已经从某一发展阶段向另一发展阶段推移转变的时候，须得善于使自己和参加革命的一切人员在主观认识上也跟着推移转变，即是要使新的革命任务和新的工作方案的提出，适合于新的情况的变化。"①林彪、"四人帮"为了篡党夺权，胡诌什么"一句顶一万句""句句是真理"。实践证明，他们所说的绝不是毛泽东思想的真理，而是他们冒充毛泽东思想的谬论。

现在，"四人帮"及其资产阶级帮派体系已被摧毁，但是，"四人帮"加在人们身上的精神枷锁，还远没有完全粉碎。毛主席在第二次国内革命战争时期曾经批评过的"圣经上载了的才是对的"②这种倾向依然存在。无论在理论上或实际工作中，"四人帮"都设置了不少禁锢人们思想的"禁区"，对于这些"禁区"，我们要敢于去触及，敢于去弄清是非。科学无禁区。凡有超越于实践并自奉为绝对的"禁区"的地方，就没有科学，就没有真正的马列主义、毛泽东思想，而只有蒙昧主义、唯心主义、文化专制主义。

党的十一大和五届人大，确定了全党和全国人民在社会主义革命和社会主义建设新的发展时期的总任务。社会主义对于我们来说，有许多地方还是未被认识的必然王国。我们要完成这个伟大的任务，面临着许多新的问题，需要我们

---

① 《实践论》。
② 《论反对日本帝国主义的策略》。

去认识,去研究,躺在马列主义毛泽东思想的现成条文上,甚至拿现成的公式去限制、宰割、裁剪无限丰富的飞速发展的革命实践,这种态度是错误的。我们要有共产党人的责任心和胆略,勇于研究生动的实际生活,研究现实的确切事实,研究新的实践中提出的新问题。只有这样,才是对待马克思主义的正确态度,才能够逐步地由必然王国向自由王国前进,顺利地进行新的伟大的长征。

图书在版编目(CIP)数据

我的学术小传/胡福明著. --南京:江苏人民出
版社,2018.6
ISBN 978 - 7 - 214 - 21968 - 8

Ⅰ.①我… Ⅱ.①胡… Ⅲ.①胡福明-自传 Ⅳ.
①K825.1

中国版本图书馆 CIP 数据核字(2018)第 100939 号

书　　　名	我的学术小传	
著　　　者	胡福明	
责 任 编 辑	石　路	
装 帧 设 计	陈　婕	
出 版 发 行	江苏人民出版社	
出版社地址	南京市湖南路 1 号 A 楼,邮编:210009	
出版社网址	http://www.jspph.com	
照　　　排	江苏凤凰制版有限公司	
印　　　刷	江苏凤凰新华印务有限公司	
开　　　本	652 毫米×960 毫米　1/16	
印　　　张	13　插页 4	
字　　　数	110 千字	
版　　　次	2018 年 8 月第 1 版　2018 年 8 月第 1 次印刷	
标 准 书 号	ISBN 978 - 7 - 214 - 21968 - 8	
定　　　价	48.00 元(精装)	

(江苏人民出版社图书凡印装错误可向承印厂调换)